M. Wollseiffen

Festschrift dem Gymnasium Adolfinum zu Moers zu der am

10. und 11. August d. J.

Stattfindenden Jubelfeier seines dreihundertjährigen Bestehens gewidmet

vom Lehrerkollegium des Gymnasiums zu Crefeld

M. Wollseiffen

Festschrift dem Gymnasium Adolfinum zu Moers zu der am 10. und 11. August d. J.

Stattfindenden Jubelfeier seines dreihundertjährigen Bestehens gewidmet vom Lehrerkollegium des Gymnasiums zu Crefeld

ISBN/EAN: 9783337737238

Hergestellt in Europa, USA, Kanada, Australien, Japan

Cover: Foto ©ninafisch / pixelio.de

Weitere Bücher finden Sie auf **www.hansebooks.com**

FESTSCHRIFT

DEM

GYMNASIUM ADOLFINUM ZU MOERS

ZU DER

AM 10. UND 11. AUGUST d. J. STATTFINDENDEN

JUBELFEIER

SEINES DREIHUNDERTJÄHRIGEN BESTEHENS

GEWIDMET

VOM

LEHRERKOLLEGIUM DES GYMNASIUMS

ZU

CREFELD.

————

INHALT:

————————

BONN,

DRUCK DER UNIVERSITÄTS-BUCHDRUCKEREI VON CARL GEORGI.

1882.

GYMNASIO · ADOLPHINO · MEVRSANO ·

QVOD

AB · INITIIS · INLVSTRIBVS · PROFECTVM ·

PER · VARIORVM · MVLTAS · TEMPORVM · VICISSITVDINES ·

STRENVE · NEC · SINE · GLORIA · ENIXVM ·

ETIAM · SVMMIS · VRGVENTIBVS · DIFFICVLTATIBVS ·

VSQVE · AD · HOC · TEMPVS · QVAE · BONA · HOMINIBVS · SVMMA · A · DEO · SVNT · DATA ·

ANIMORVM · RELIGIOSITATEM · LITERARVM · ALMAM · LVCEM · ARTIVM · BONARVM · DVLCE ·

SOLACIVM · OPERA · INDEFESSA · INTREPIDE · SEMPER · EST · SECVTVM ·

TERTIA · SAECVLARIA · CELEBRANTI ·

CONGRATVLANTVR

ET

SVB · DEI · OPTIMI · MAXIMI · TVTELA ·

VT · PER · OMNES · TEMPORVM · VICISSITVDINES · INCOLVMIS · ATQVE · INTACTA · PERMANEAT ·

ET · TAM · DOCENTIVM · QVAM · DISCENTIVM · MORIBVS · STVDIIS · VIRTVTIBVS

FLORERE · PERGAT ·

EX · ANIMI · SENTENTIA · PRECANTVR ·

GYMNASII · CREFELDENSIS · CONLEGAE ·

A · D · IV · ID · SEXT · CIƆIƆCCCLXXXII ·

N	IJIESPAR	IVNO
ll	5) Diespir	6) Juno

Achilles und Hektor auf einer pränestinischen Ciste (C. I. L. I. Nr. 1500).

———

Unter den sogenannten pränestinischen Bronzen ist eine jetzt im vatikanischen Museum befindliche zuerst von R. Garrucci[1]), sodann von O. Jahn[2]) und H. Jordan[3]) beschriebene Ciste bemerkenswert nicht sowohl wegen der eingravierten figurenreichen Scene, als vielmehr wegen der Dunkelheit und Ungewöhnlichkeit mancher den einzelnen Figuren zur Kennzeichnung beigefügten Götter- und Heroennamen. Die durch letztere aufgegebenen Rätsel werden nicht eher eine befriedigende Lösung finden, als bis es gelingt, eine jeden Zweifel ausschliessende Erklärung für den Gegenstand der Darstellung zu finden. Dieser von Ritschl[4]) angegebene Weg zur Deutung der bisher nur ungenügend erklärten Namen soll in nachstehendem versucht werden.

Jordan (l. l. p. 60 f.) beschreibt die Scene folgendermassen: „Die Darstellung auf der Ciste zerfällt in zwei Gruppen; hinter einer dorischen Säule treten die Vorderteile von zwei gezäumten Rossen[5]) hervor, deren eines ein davor stehender Knabe (MICOS: d. h. der Junge, dor. μικκός) streichelt; zur Rechten legt ein Krieger (ACILEΣ) die Beinschienen an, eine geflügelte Frau (VICTORIA) hält ihm den Helm, zur Linken steht ein geharnischter Krieger (AIAX), eine Frau mit Scepter (VEPITVS, jedenfalls Vertus?) hält ihm den Helm. In der zweiten Gruppe sieht man „MIRCVRIOS", welcher in der Rechten eine Wage hält und sich mit erhobener Linken, augenscheinlich redend, nach links wendet, zu einem mit Speer und Schwert bewehrten Heros, „IACOR (?), welcher die Rechte unters Kinn gelegt nachdenklich zuzuhören scheint, während auf der andern Seite dem Merkur „FERCLES", „DIESPΓR", IVNO" hörend und ebenfalls zu IACOR gewendet zu assistieren scheinen."

Unter den zur Kennzeichnung den einzelnen Figuren beigefügten Namen sind die beiden „IACOR" und „VEPITVS" rätselhaft, so dass sie zur Bestimmung der dargestellten Personen nicht verwertet werden können. Formen wie FERCLES (linksläufiges F statt H), MIRCVRIOS und DIESPΓR können auffallend erscheinen. Als eine Absonderlichkeit tritt

---

1) Mon. inst. archaeol. a. 1861 vol. VI tab. LIV. Vgl. Sylloge inscriptionum p. 523.
2) Corp. Inscr. Lat. I. Nr. 1500, p. 553. Vgl. Prisc. Lat. Mon. suppl. p. 96.
3) Kritische Beiträge zur Geschichte der Lateinischen Sprache. Berl. 1879.
4) P. L. M. p. 96 : De singulis disserere non esse huius loci apparet, ut quorum vel difficultas vel obscuritas non possit nisi ex ipsarum contemplatione figurarum aliquid lucis accipere.
5) Auf der beigefügten Zeichnung fehlen an der linken Seite die Pferdefiguren, sowie die ober- und unterhalb des Frieses befindlichen Palmen.

2

ferner die linksläufige Schreibung des Namens „VICTORIA" hervor, während die übrigen (abgesehen von dem eben angegebenen linksläufigen F in FERCLES) rechtsläufig geschrieben sind. Schliesslich sei noch auf die eigentümliche Form des R in VICTORIA und des vom V nicht zu unterscheidenden L in FERCLES hingewiesen.

Welche Anhaltspunkte bietet nun die Darstellung unserer Ciste, um aus ihr selber eine sichere Deutung der mit den unverständlichen Namen „IACOR" und „VEPITVS" gezeichneten Figuren zu gewinnen? Zunächst wird uns bei näherer Betrachtung des Bildes klar, dass auf demselben zwei dem trojanischen Sagenkreise angehörige Scenen, die im Verhältnis von Vorbereitung und Ausgang zu einander stehen, zu einer einheitlichen Komposition mit einander verknüpft sind. Die eine Scene ist durch die den Hauptfiguren beigefügten Namen hinreichend charakterisiert: Achilles die Beinschienen anlegend und rückwärts den Blick nach den von einem Diener gehaltenen Rossen hinwendend, bereitet sich zu einem Zweikampf vor, welcher, wie die den Helm haltende Victoria andeutet, für ihn einen siegreichen Ausgang hat. Die Parallelscene bringt, wie sich aus der ganzen Situation, auch ohne Berücksichtigung des der Hauptperson beigeschriebenen dunkeln Namens, ergiebt, den Schlussakt der ganzen Begebenheit zur Darstellung: dem Gegner des Achilles wägt Hermes, in Anwesenheit des von Herkules und Juno begleiteten Juppiter, sein Schicksal zu; die ernste und nachdenkliche Haltung des Helden beweist, dass die sinkende Schale ihm den Tod in Aussicht stellt. Diese Seelenwägung nun giebt ein sicheres Charakteristikum zur Bestimmung der Person des im Zweikampf mit Achilles nach dem Willen des Schicksals demnächst fallenden Helden. Denn nur bei zwei Gegnern des Myrmidonenfürsten wissen die Dichter von einer Erforschung des Ausgangs des Zweikampfs durch die den Ausschlag gebende Schicksalswage zu erzählen, nämlich bei Hektor und Memnon. Jenem wägt Juppiter Il. XXII, 209—213 sein Schicksal zu, bei letzterem geschieht dieses in der aeschyleischen Psychostase. Demgemäss kann auf unserm Bilde zweifelsohne nur der eine oder der andere der genannten Kämpfer zur Darstellung gebracht sein. Um nun bei der Aehnlichkeit der Motive im Epos und im Drama eine sichere Wahl zwischen diesen beiden Helden treffen zu können, wird es nötig sein, Kriterien aufzusuchen, mittels derer wir auf einem Bildwerk, ohne zuerst eine Aufklärung durch etwa beigefügte Namen zu suchen, Hektor von Memnon zu unterscheiden vermögen. Diese Kriterien werden sich aber für uns ergeben, wenn es uns gelingt, nach einer Vergleichung der dichterischen Gestaltung unseres Sagenstoffes mit den überkommenen bildlichen Darstellungen desselben, die individuellen vielleicht einer Künstlerlaune entsprungenen Züge von den von allen Künstlern festgehaltenen Bestandteilen zu sondern und so den bildlichen Typus für beide Helden, wie er sich durch die poetische und künstliche Tradition allmählich gestaltet hat, zu konstruieren. Aus ihm ergeben sich dann die Unterscheidungsmerkmale, welche die Künstler mehr oder minder behufs charakteristischer Ausprägung, hier der Gestalt Hectors, dort der Memnons zur Anwendung brachten. Letztere Merkmale setzen uns dann auch in den Stand, ohne uns einem berechtigten Vorwurf der Willkür bei der Deutung aussetzen zu müssen, in der mit IACOR gekennzeichneten Heldenfigur der pränestinischen Ciste entweder Hektor oder Memnon mit Bestimmtheit zu erkennen.

Beginnen wir mit der Rekonstruktion des bildlichen Typus Memnons, die uns um so leichter wird, als bei der Popularität[1]) dieses gewaltigsten und eigentlich einzig ebenbürtigen Gegners des Peliden sein Kampf mit letzterem und sein Ende im Altertum nachweislich ein beliebter Gegenstand der Darstellung für den Dichter sowohl wie für den Bildner gewesen ist. Eine genügende Vorstellung von einer dichterischen Behandlung der Seelenwägung Memnons gewähren schon, wie bereits oben angedeutet wurde, die gelegentlichen Bemerkungen alter Literarhistoriker über die Psychostasie, jenes vielkritisierte Meisterstück des Aeschylus, wobei es für unsere Frage gleichgültig ist, ob der Dichter den Stoff vollständig der Aethiopis entlehnt[2]), oder ihn selbständig nach dem Vorbilde Homers umgeformt[3]) hat. In diesem Drama erschien auf dem über der Bühne angebrachten Göttergerüst Zeus, begleitet von anderen Göttern[4]); seine Rechte hielt die Schicksalswage, in deren Schalen sich die Seelen der beiden Gegner, des Achilleus und des Memnon, befanden[5]); neben der einen Wagschale stand Thetis, neben der andern Eos; beide Göttinnen wandten sich in flehender Stellung zu Zeus hin, um für ihre Söhne einen günstigen Ausgang des bevorstehenden Zweikampfs zu erbitten[6]). Während dieses Vorganges stehen unten auf der Bühne Achilleus und Memnon in kampffertiger Stellung einander gegenüber. Letzteren charakterisiert als „Fürsten aus dem Wunderlande des Ostens"[7]) die prachtvolle Ausstattung sowie der fremdartige Schmuck der Waffen und des Rosses, mit der er auf der Bühne angekommen zu sein scheint[8]). Der

---

1) Aristophanes lässt sogar die Götter den Todestag Memnons durch Trauer und Fasten begehen nub. 621:
πολλάκις δ' ἡμῶν ἀγόντων τῶν θεῶν ἀπαστίαν,
ἡνίκ' ἂν πενθῶμεν ἢ τὸ Μέμνον' ἢ Σαρπηδόνα.

2) Wie Robert, Philologische Untersuchungen von Kiessling und Wilamowitz V, 145, gegenüber den Angaben der Alexandriner wahrscheinlich macht.

3) Nach der Ansicht Plutarchs de audiendis poetis p. 16 F : οἶον ἐπὶ τοῦ Διὸς εἰρηκότος Ὁμήρου „ἐν δ' ἐτίθει δύο κῆρε τανηλεγέος θανάτοιο, τὴν μὲν Ἀχιλλῆος, τὴν δ' Ἕκτορος ἱπποδάμοιο· ἕλκε δὲ μέσσα λαβών· ῥέπε δ' Ἕκτορος αἴσιμον ἦμαρ· ὤχετο δ' εἰς Ἀΐδαο λίπεν δέ ἐ φοῖβος Ἀπόλλων Τραγῳδίαν ὁ Αἰσχύλος ὅλην τῷ μύθῳ περιέθηκεν, ἐπιγράψας ψυχοστασίαν· καὶ παραστήσας ταῖς πλάστιγξι τοῦ Διὸς ἔνθεν μὲν τὴν Θέτιν, ἔνθεν δὲ τὴν Ἠὼ δεομένας ὑπὲρ τῶν, υἱέων μαχομένων. τοῦτο δὲ παντὶ δῆλον ὅτι μυθοποίημα καὶ πλάσμα πρὸς ἡδονὴν ἢ ἐκπληξιν ἀκροατοῦ γέγονε.

4) Pollux IV, 130 : ἀπὸ δὲ τοῦ θεολογείου, ὄντος ὑπὲρ τὴν σκηνήν, ἐν ὕψει ἐπιφαίνονται θεοί, ὡς ὁ Ζεὺς καὶ οἱ περὶ αὐτὸν ἐν ψυχοστασίᾳ.

5) Scholiastes Venetus (Aristonikos) ad Π. Θ, 70 : ὅτι τὰς θανατηφόρους μοίρας λέγει· ὁ δὲ Αἰσχύλος νομίσας λέγεσθαι τὰς ψυχάς, ἐποίησε τὴν ψυχοστασίαν, ἐν ᾗ ἐστιν ὁ Ζεὺς ἱστὰς ἐν τῷ ζυγῷ τὴν τοῦ Μέμνονος καὶ Ἀχιλλέως ψυχήν. cf. Eustathius p. 699, 30.

6) Scholiastes ad Π. Χ, 210: Κῆρας τὰς μοίρας λέγει, οὐ τὰς ψυχάς, ὡς ἐδέξατο φαύλως Αἰσχύλος. Eustathius p. 1266, 37 : φασὶ δὲ οἱ παλαιοὶ ἐκ τούτου τοῦ χωρίου πεπλάσθαι τὴν ψυχοστασίαν τῷ Αἰσχύλῳ Κῆρε νοήσαντι τὰς ψυχάς, ὡς καθόλου τὸν Διὸς ψυχὰς ἱστῶντος.

7) Als Kissäer bezeichnet ihn Strabo XV, p. 1058 : λέγονται δὲ καὶ Κίσσιοι οἱ Σούσιοι· φησὶ δὲ καὶ Αἰσχύλος τὴν μητέρα Κισσίαν. Persarum ductor wird er bei Dares XIII, 4 (ed. Meister).

8) Auf die Schellen und den prangenden Pferdeschmuck spielt nach Welcker (Die aeschyl. Trilogie S. 438) und Gottfr. Hermann (Aeschyli Trag. p. 385) Aristophanes Ran. 961 an : ἀλλ' οὐκ ἐκομπολάκουν ἀπὸ τοῦ φρονεῖν ἀποσπάσας, οὐδ' ἐξέπληττον αὐτοὺς Κύκνους ποιῶν καὶ Μέμνονας Κωδωνοφαλαροπώλους.

4

Prunk seiner äussern Erscheinung würde noch mehr hervortreten, wenn wir die Sage von seinen Thaten und seinem Ende in der Ausgestaltung vor Augen hätten, welche sie in der „farbenreichen Darstellung" der Aethiopis gefunden". Aus dem Nachdruck, mit welchem Proklos in seiner dürftigen Inhaltsangabe die von Hephaistos angefertigten Waffen hervorhebt[1]), können wir einen Schluss auf die kunstvolle Ausstattung derselben machen. Bemerkenswert ist noch der von Proklos hervorgehobene Zug, dass vor der Entscheidung des Kampfes Eos bei Zeus war und für ihren Sohn durch ihr Flehen Unsterblichkeit auswirkte[2]).

Der dichterischen Gestaltung Memnons entspricht im allgemeinen die bildliche, die eine Reihe von Denkmälern, seien es literarisch überlieferte oder Vasengemälde, aufweist[3]). Nun giebt es eine Menge von Vasengemälden, die so wenig charakteristische Züge bieten, dass wir nur durch die beigefügten Namen in eine Beziehung zu dem Memnon behandelnden Sagenstoff gesetzt werden. Zu ihnen ist auch zu rechnen die Reliefdarstellung am Throne des Amykläischen Apollo, über welche Pausanies (III, 18, 17) nur mit den Worten berichtet: Ἀχιλλέως μονομαχία πρὸς Μέμνονα ἐπείργασται. Für die Festsetzung des bildlichen Typus Memnons sind dieselben von untergeordneter Bedeutung, wir schenken ihnen deshalb keine Berücksichtigung. Wenden wir uns nun zu den Denkmälern, in denen die Person Memnons durch typische Merkmale so gekennzeichnet ist, dass bei ihnen die Deutung auf einen andern Helden fast unmöglich erscheint. Ein solches erkennen wir in der asiatischen Tracht und Bewaffnung des dargestellten Helden selbst oder seiner Begleiter, durch die derselbe als ein Kriegsfürst des Ostens charakterisiert wird, der dann nur der Sohn der Eos sein kann. So würde auf einem unteritalischen Krater (Overbeck Nr 30, Tafel XXI, 9), der zwischen einem voranschreitenden und einem nachfolgenden Begleiter hoch zu Ross einhersprengende Krieger durch die langen persischen Beinkleider und den griechischen Helm, überhaupt durch die asiatische Tracht, als Memnon genügend gekennzeichnet sein, auch wenn der Name nicht beigeschrieben wäre. So erkennt mit Recht Overbeck (Nr. 29) in der Scene auf der Schale des Amasis, auf welcher zwischen zwei mit mondförmigen Schilden ausgerüsteten Aethiopiern ein mit grie-

---

1) Proclos chrest. fr. 2—4 (nach Welcker, der epische Cyclus S. 521): Μέμνων δὲ ὁ Ἠοῦς υἱός, ἔχων ἡφαιστότευκτον πανοπλίαν παραγίνεται τοῖς Τρωσὶ βοηθήσων ...... καὶ τούτῳ μὲν Ἠὼς παρὰ Διὸς αἰτησαμένη ἀθανασίαν δίδωσι.

2) Ob auch die Seelenwägung in dem kyklischen Epos vorkam, lässt sich aus dem dürftigen Auszug des Proklos, in welchem sie unerwähnt bleibt, nicht ermessen. Die ausdrückliche Erklärung Plutarchs, dass „Aeschylus aus der Iliasstelle ein ganzes Drama gemacht habe", sowie die Zurechtweisungen, die der dramatische Dichter sich wegen des angeblichen Missverständnisses der Homerstelle durch die Verwechslung der κῆρες und der ψυχαί gefallen lassen muss, scheint dagegen zu sprechen. „Allein man weiss ja, dass die alexandrinischen Grammatiker sich um die Gedichte des Cyclus ebenso wenig bei ihren mythologischen wie bei ihren grammatischen Untersuchungen kümmerten, und dass sie namentlich bei der Frage nach dem Verhältnis der Tragiker zu Homer dieses Mittelglied häufig ganz ignorierten." Robert S. 145. Vgl. Wilamowitz, Phil. Unters. IV Antigonos S. 165.

3) Es waren bei Abfassung dieser Abhandlung mir nur die bei Overbeck, Gallerie heroischer Bildwerke III, 1—7 aufgeführten zugänglich, deren Zahl jedoch für die vorliegende Untersuchung genügend erschien.

chischen Waffen ausgerüsteter Held steht, eine Darstellung des Auszugs Memnons, wie denn auch das Marmorrelief in Neapel (Overbeck Nr. ‚39) mit dem jugendlichen Krieger, welcher die Rosse eines von einem Neger gelenkten Kriegswagen hält, am ungezwungensten auf eine Darstellung der Ankunft Memnons gedeutet werden kann. Dieses letztern Mittels zur Charakterisierung des Helden hatte sich bereits Polygnot auf seinem Gemälde in der Lesche zu Delphi bedient, auf welchem „neben Memnon ein nackter äthiopischer Knabe steht, „weil der König Memnon ein Aethiopier war". Paus. X, 30, 2 [1]). Ein anderes Unterscheidungsmerkmal ergeben die Bildwerke, welche die Darstellung des Kampfes Memnons mit Achilles enthalten. Durch die Anwesenheit der mehr oder minder charakterisierten Mütter beider Helden, Thetis und Eos, werden die dargestellten Scenen unzweifelhaft mit Memnon und seinem Gegner in Verbindung gebracht. Zu diesen auf allen Vasengemälden vorkommenden Figuren der Mütter tritt auf mehreren derselben noch der Leichnam des Antilochos hinzu; auf einem schliessen zwei Bogenschützen die Darstellung ab; ein am Hals einer Hydria angebrachtes Bild (Overbeck Nr. 56) weist neben den Müttern noch Athene zwischen beiden Kämpfern und noch einen zweiten Krieger auf jeder Seite auf [2]). Die grösste Erweiterung durch hinzugefügte Figuren hat die Kampfscene in der Marmorgruppe des Myron erfahren, welche ausser den zu Zeus für ihre Söhne flehenden Müttern (Θέτις τε καὶ Ἡμέρα τὸν Δία ὑπὲρ τῶν τέκνων ἱκετεύουσαι) und den beiden Kämpfern noch vier Paare von griechischen und trojanischen Helden aufweist. Sondern wir nun die Figuren, welche nur auf einzelnen Vasendarstellungen vorkommen, von denen, welche alle mit einander gemein haben, so werden wir in den letzteren die Repräsentanten des alten Typus finden, während wir die ersten als zufällige und darum namenlose [3]) Zutaten zu betrachten haben. Hervorzuheben ist auch hier, dass auf manchen Gemälden Memnon noch weiterhin durch die orientalische Tracht charakterisiert erscheint.

Die Anwesenheit der beiden Mütter kennzeichnet die Helden auch in der Gruppe von Vasenbildern, welche entweder die Seelenwägung allein enthalten oder dieselbe mit der Darstellung des Kampfes verbinden. Ausserdem tritt ein neues Charakteristikum hinzu in den Gestalten der ψυχαί, welche als kleine geflügelte Figuren oder als gerüstete lanzenschwingende Kämpfer in den Schalen stehen. Auffallend kann es erscheinen, dass auf allen Bildern, welche die Seelenwägung zum Gegenstande haben, nicht Zeus, wie in

---

1) Auf der Bezeichnung des Morgenlandes durch Aethiopien beruht auch die Aeusserung des Eustathius p. 1484, 17: ἰστέον δὲ ὅτι δ' θηλυκὸν τοῦ Αἰθίοψ ἰδιωτικῶς μὲν Αἰθιοπίσσα, ἄλλως δὲ περιφραστικῶς ἡ ἐξ Αἰθιόπων· λέγεται δὲ ὁμοφώνως τῷ ἀρσενικῷ κατὰ τοὺς παλαιούς· „Αἰθίοπα" τοῦν φασὶ „φωνήν" Αἰσχύλος λέγει καὶ πότερα γυνή τις Αἰθίοψ φανήσεται·

2) Die von Overbeck unter Nr. 86 besprochene Vase ist auf den Kampf Achilles - Hektor zu beziehen, nicht auf Achilles-Memnon, wie Overbeck thut. Dieses beweisen die Beischriften ΑΧΙΛΕΥΣ und ΗΕΚΤΟΡ. Der Umstand, dass das Reversbild Memnons Leiche von Eos davon getragen enthält (Taf. XXII, 11), nötigt nicht, die Darstellung, trotz der beigeschriebenen Namen, auf Memnon zu beziehen. Auch für die Vasenbilder Nr. 87 und 98 liegen keine genügenden Gründe vor, um sie hierhin zu rechnen.

3) Nach dem von Wilamowitz A. Eur. p. 165 begründeten Gesetz: ut paucae tantum personae inducantur remota omni supervacanea turba, secundi vero ordinis personae nomine certo careant.

6

der aeschyleischen Tragödie, sondern Hermes die Wage hält. Diese Nüancierung lässt sich jedoch aus dem Umstand erklären, dass bei der bildlichen Darstellung es unangenehm berühren mochte, wenn inmitten der andern Götter Zeus selbst eine Handleistung vornahm, während sein Diener und Bote, der ausserdem der ψυχοπομπός war, unbeschäftigt neben ihm stand [1]).

Vergleichen wir nun die dichterische Gestaltung, welche Aeschylus unserm Sagenstoff gegeben, mit der Darstellung desselben auf den besprochenen Bildwerken, so ergeben sich leicht die charakteristischen Merkmale, welche als die Bestandteile des bildlichen Typus, wie er sich durch die poetische und künstlerische Tradition festgestellt hat, anzusehen sind. Als solche erweisen sich für die Person des Helden die orientalischen Kleider und Waffen oder die als Fremdlinge gekennzeichneten Diener. Die Darstellung des Zweikampfes und der Seelenwägung fordert, um ohne Schwierigkeit beide Scenen von ähnlichen unterscheiden zu können, als Charakteristikum die Anwesenheit der beiden Mütter oder des Merkur, welcher die Schicksalswage mit den Eidola der beiden Helden in den Schalen emporhält.

Die so gewonnenen charakteristischen Merkmale des bildlichen Typus Memnons geben uns ein Mittel an die Hand, um eine sichere Entscheidung über die Berechtigung zu treffen, auf dem in Rede stehenden Bilde der pränestinischen Ciste den mit „Iacor" bezeichneten Helden als Memnon zu bezeichnen. Nun ist es augenscheinlich, dass die Darstellung auch kein einziges Merkmal enthält, welches uns die fragliche Figur als den Sohn der Eos deuten lassen könnte. Wir vermissen zunächst die beiden Mütter, welche der Künstler ohne die geringste Schwierigkeit zu beiden Seiten Juppiters an Stelle der Juno und des Herkules hätte anbringen können. Auch ist keine Spur einer Andeutung der orientalischen Herkunft des Helden vorhanden: es fehlen die Anaxyriden, der phrygische Helm und die fremdartigen Waffen, wie die aethiopischen Begleiter. Es fehlen ferner in den Schalen der von Merkur gehaltenen Schicksalswage die Eidola, welche die ψυχαί der Helden vorstellen könnten. Bei dem gänzlichen Mangel der Kriterien aber, durch welche wir auf andern Bildwerken die Person Memnons mit Sicherheit von ähnlichen zu unterscheiden vermögen, müssen wir Bedenken tragen, die fragliche Heldenfigur wie überhaupt die ganze Scene mit dem den Sohn der Eos behandelnden Sagenstoff in Verbindung zu bringen. Wir können demnach der Ansicht O. Jahns nicht beipflichten, die er in der Beschreibung der Cista mit den Worten ausspricht: „quin intellegendus sit (sc. vir iuvenis) Memnon, vix dubitari potest, quamquam Iacor nomen explicari nequit."

Aber vielleicht erscheint die Deutung der Scene durch die Sage von Memnon und seinem Ende doch als gerechtfertigt, wenn es gelingen sollte, durch eine nicht zu bezwei-

---

1) Robert l. l. p. 145 vermutet, dass diese Rolle des Hermes schon durch die bildliche oder poetische Tradition übermittelt war. „Der nächstliegende Gedanke ist gewiss der, dass schon Arktinos die Psychostasie aus der Ilias, und zwar aus X, 209, herübergenommen oder richtiger herausentwickelt hat, und dass bei ihm nicht Zeus, sondern Hermes in Gegenwart des Zeus die Wägung vollzog".

felnde Erklärung der Beischrift „Iacor" dieselbe als eine sonst unbekannte Form eines Epithetons des Helden zu erweisen. Diesen Weg versucht Garrucci (syll. inscr. p. 523): „Dixi Iacor an Iafor sit nondum liquido constare, magis autem ibi Iafor mihi apparuisse in detrito loco et aerugine obducto, non recte igitur tabula eo loco litteram ⟨ videtur repraesentare." Sodann weist er (Ann. Inst. 1881. p. 156) auf das lakonische ἀβιώρ = ἀFώς für ἠώς hin, welches mit der Form 'Jafor' eine solche Aehnlichkeit habe, dass die Annahme der Herleitung der letzteren Form aus der ersten nahe liege. Zunächst muss es bei der Leichtigkeit, womit Garrucci sich schwer zu lesende Buchstaben für die Zwecke der Erklärung zurecht legt [1], auffallen, dass er den dritten Buchstaben der Beischrift „Iacor" als undeutlich bezeichnet [2]), während Mommsen die Lesung „Iacor" als eine unzweifelhafte hinstellt [3]). Aber zugegeben, die von Garrucci angenommene Lesart „Iafor" sei die richtige, so ist doch die von ihm vorgebrachte Erklärung dieses Namens als eine durchaus willkürliche zu verwerfen. Denn zunächst würde man für den Sohn der Eos nicht den Namen seiner Mutter ἀβιώρ = ἠώς, sondern eine patronymische Weiterbildung desselben erwarten. Ein solches Patronymicum ist der von Garrucci zur Vergleichung herangezogene etruskische Name unseres Helden „Evas", welcher (nach Corssen, Etr. 1, 824 f.) aus Ev-u-as = ἠ-F-ψ-ος entstanden ist. Bei dieser Ableitung der Namensform Iafor aus 'ἠώς' bietet sodann die Erklärung des Anlauts Schwierigkeit, da selbst bei der Annahme, der Spirant der attischen Form ἕως sei wurzelhaft [4]), die Vertauschung des I und H nicht genügend erklärt erscheint. Wenn ferner Garrucci noch an das lateinische 'Iubar' erinnert [5]), so genügt zur Widerlegung der Annahme eines Zusammenhanges dieses Wortes mit 'Iafor' der Hinweis auf die Kürze der Endsilbe [6]), welche durch das ausdrückliche Zeugnis der Grammatiker bezeugt ist, und wofür auch die Bildung des Ablativus auf e spricht [7]). Doch genug der Künsteleien, welche geeignet sind,

---

1) Einige Beispiele: Sylloge inscr. p. 525 Aiax Oilios für Aiax. Ilios; p. 526: Leciolucus für Lecl. Lucus; p. 540: Taseio(s) filios für Tasci. filios; p. 528: Diaius für Diama. Mommsen kennzeichnet die Glaubwürdigkeit dieses Gelehrten hinsichtlich der Wiedergabe von Inschriften C. I. L. I p. 554 folgendermassen: Maquolnia . . . . interposito digammate, scilicet Garruciano. Equidem non mirabor, si qui cistam denuo examinabit, illo loco nihil reperiat, nisi spatium vacuum rubigine obductum et facile implendum nugis talibus, quales novimus ex edicti Venafrani recensione ab illo homine parata.

2) Ann. p. 152: (Iacor) „è incerto il charattere della terza lettera: in inclino a credere che sia un digamma e però leggo Iafor".

3) Ibidem: Sextum nomen utrum legendum sit 'Iafor' an 'Iacor' dubitat Garrucius; in tabula est 'Iacor'.

4) Was bekanntlich der Fall ist. cf. Curtius Et. 402, 678.

5) Festus bei Paul. IX (Lindemann): „Iubar stella, quam graeci appellant φωςφόρον, hoc est lucifer, quod splendor eius diffunditur in modum iubae leonis". Aehnlich Varro VI de L. L. Corssen, Krit. Beitr. S. 158 leitet das Wort von 'iub-a die Mähre' ab. Die richtige Ableitung hat schon Lindemann comm. in Pauli exc. S. 458. Vgl. auch Vaneck S. 868.

6) Charisius Inst. gr. 145, 27 (Keil): „Torcular Afer pro Taurinis, sed torculare dici debet, quia genetivo a producitur, non ut iubaris lucaris, sed torcularis". Das lange a bei Ennius Ann. p. 547 ed. Vahlen ist metrischer Natur.

7) Ibidem 138, 18: „Plinius ait inter cetera etiam istud G. Caesarem dedisse praeceptum, quod neutra no-

8

die Etymologie in Verruf zu bringen[1]). Nur muss schliesslich noch die Vermutung zurückgewiesen werden, als sei in 'Iacor' oder 'Iafor' ein sonst unbekannter etruskischer Name Memnons verborgen. Wie schon oben erwähnt wurde, heisst der 'Sohn der Morgenröte' etruskisch Evas (aus Ev-u-as = ἠῶς entstanden); auch giebt die Schwierigkeit einer befriedigenden Deutung jenes Namens uns noch nicht die Berechtigung anzunehmen, dass unter die vielen echt lateinischen Götter- und Heroennamen ein einziger national-etruskischer und dazu ein sonst unbekannter sich eingeschlichen habe. Jordan (Krit. Beitr. S. 62) schlägt einen nicht minder verfehlten Weg zur Deutung des in Rede stehenden Namens ein. Er erklärt Iacor für Iaccor = Iacchos und hält es für gerechtfertigt anzunehmen, dass der Name des schönen Bräutigams der Kore in einer fast genrehaften Darstellung an die Stelle des Namens des schönen Memnon gesetzt worden ist. . . . . Wir wollen dabei nicht einmal Gewicht darauf legen, dass 'Jacchos ' auch für andere mythologische Figuren, ja als Personenname verwendet vorkommt; es genügt der Hinweis auf die Willkür der 'pränestinischen caelatores'. Dieser Ansicht Jordans steht, abgesehen von der behaupteten aber nicht bewiesenen Vertauschung des 'Iacchus' mit anderen mythologischen Figuren ein von ihm selbst hervorgehobenes schwerwiegendes Bedenken sprachlicher Natur entgegen: in „dem Namen würden wir das Nominativzeichen durch den Rhotacismus entstellt vor uns sehen". Für eine derartige auch nur sporadische Umwandlung des Nominativzeichens -s in -r fehlt, wie Jordan selbst (S. 64) zugesteht, im Lateinischen jeder Beweis. Demnach erscheint die Annahme Jordans, Iacor sei identisch mit Iacchos, sachlich wie sprachlich in keiner Weise gerechfertigt.

Wir können nun das Resultat unserer bisherigen Untersuchung dahin zusammenfassen, dass weder durch die archäologische Exegese noch durch den Versuch einer etymologischen Deutung der Beischrift 'Iacor' das Dunkel, welches über der Person des durch letztern Namen gekennzeichneten Helden schwebt, einigermassen gelichtet worden ist. Nur soviel hat die Rekonstruktion des bildlichen Typus Memnons ergeben, dass bei dem Mangel jedes charakteristischen Merkmals die Deutung der Figur auf Memnon vollständig ausgeschlossen werden muss. Demgemäss bleibt uns nichts anderes übrig, als zu untersuchen, ob nicht etwa Hektor, der einzige Held neben Memnon, von dem eine Seelenwägung überliefert ist, der Gegenstand der auf der Ciste dargestellten Scene sein könnte. In diesem Falle würden wir nicht lange nach dem dichterischen Vorbilde zu suchen haben; dasselbe ergäbe sich aus der Ilias Homers, der poetischen Quelle, aus dem die bildenden Künstler noch lange die Stoffe schöpften, als bereits die sogenannten kyklischen Dichter ihre Bedeutung für die Kunst verloren hatten. Die betreffenden Verse (Il. XXII, 208—213) lauten:

8

mina ār nominativo clausa per 1 dativum ablativumque singulares ostendant; iubar tamen ab hac regula dissidere. nam ut hinc iubari dicimus, ab hoc iubare dicendum est, ut huic farri et ab hoc farre".

1) Bei Besprechung des Namens 'Aiax Oileus', welche Garrucci auf einer andern pränestinischen Ciste constatierte, sagt Jordan, Krit. Beitr. S. 52: Es ist gewiss ein mildes Urteil, wenn wir ihm mit seinen eigenen Worten (Syll. 508) 'Apage nugas' zurufen.

ἀλλ' ὅτε δὴ τὸ τέταρτον ἐπὶ κρουνοὺς ἀφίκοντο,
καὶ τότε δὴ χρύσεια πατὴρ ἐτίταινε τάλαντα ·
ἐν δ' ἐτίθει δύο κῆρε τανηλεγέος θανάτοιο,
τὴν μὲν, 'Αχιλλῆος, τὴν δ' Ἕκτορος ἱπποδάμοιο ·
ἕλκε δὲ μέσσα λαβών · ῥέπε δ' Ἕκτορος αἴσιμον ἦμαρ
ᾤχετο δ' εἰς 'Αΐδαο · λίπεν δὲ ἑ Φοῖβος 'Απόλλων.

In der That, die homerischen Verse gewähren dem bildenden Künstler eine vollständige Grundlage für die Darstellung der Seelenwägung Achilles-Hektor, sie bieten
ihm schon in den wenigen mit Namen angeführten Personen die wesentlichen Bestandteile des bildlichen Typus, an welchen sich dann, wie an einen Krystallisationspunkt,
andere Figuren ansetzen können, sobald dieses bei einer weitern Ausgestaltung des
bildlichen Kernes das künstlerische Bedürfnis zu erfordern scheint. Ein solches ergiebt
sich nun zunächst durch den Unterschied zwischen der poetischen und der bildlichen
Gestaltung der Scene. Beim Dichter schauen alle Götter (θεοὶ δέ τε πάντες ὁρῶντο.
Il. XXII, 116) dem Vorgang zu. Der bildende Künstler sieht sich ausser stande, hierin
wörtlich seinem Vorbild zu folgen, da schon die Rücksicht auf den gewährten Raum
ihm verbietet, den ursprünglichen Typus durch eine grössere Anzahl von Figuren zu
erweitern; er ist demgemäss auf eine sorgfältige Auswahl der letzteren angewiesen.
Nach welchen Gesichtspunkten nun trifft er diese Auswahl? Zunächst wird der Künstler
solchen Personen den Vorzug geben, durch deren Hinzufügung die dargestellte Einzel-
scene in Zusammenhang mit dem gesamten Sagenkreise gesetzt wird, die gewissermassen
einen poetischen Hintergrund schaffen, von welchem sich die Hauptpersonen um so
wirksamer abheben können. Legen wir diesen Massstab an das Bild an, so überrascht
uns sofort die angemessene Auswahl der Götter- und Heroenfiguren, welche die Seelenwägung Achilles-Hektor wie mit dem Anfang, so auch mit dem Ende des trojanischen
Kampfes in Verbindung bringen. Oder wie könnte ein Bildner uns besser an die Ursachen
desselben erinnern, als durch den Hinweis auf Juno, die in ihrem Frauenstolz
gekränkte und darum unversöhnliche Feindin des trojanischen Geschlechts?
wie vermöchte er besser den Ausgang des Zuges anzudeuten, als durch die Figur des
Herkules, ohne dessen Bogen nach der Bestimmung des Schicksals die Stadt
nicht genommen werden konnte? Zu der Wahl Merkurs ist der Dichter augenscheinlich durch Homer selbst veranlasst worden: der Ausschlag der Schale, in der
„Hektors Todesstunde sank" (ῥέπε δ' Ἕκτορος αἴσιμον ἦμαρ. ᾤχετο δ' εἰς 'Αΐδαο), wies von
selbst auf den ψυχοπομπός hin. Auffallend könnte es jedoch erscheinen, dass auch unser
Bild von der homerischen Vorlage insofern abweicht, als nicht Juppiter, sondern Merkur
die Wage hält. Diese Abweichung begründet nicht etwa die Annahme einer Verschie-
denheit der poetischen Quellen, sondern erklärt sich, wie bereits oben angedeutet wurde,
als künstlerische Rücksichtnahme, da wohl der Dichter, aber nicht der bildende Künstler
den Vater und obersten der Götter Handleistungen vornehmen lassen kann, während
andere Götter als unthätige Zuschauer neben ihm stehen. Vielleicht liegt aber auch der
Einfluss des allgemein angenommenen Typus der Seelenwägung Achilles-Memnon vor,
so dass der die Wage haltende Merkur von dieser auf die Wägung Achilles-Hektor

10

übertragen wurde. Befremden könnte es ferner noch, dass die Wahl des Bildners nicht auf die beiden Götter Apollo und Minerva gefallen ist, da die Figuren derselben dem Zweikampf Achilles-Hektor selbst das charakteristische Gepräge geben und ihn von dem Kampfe Achilles-Memnon unterscheiden [1]). Allein grade die Abwesenheit der beiden Götter beweist, dass unser Bildner, wenn er im übrigen auch seinen Stoff mit künstlerischer Freiheit behandelte, sich doch möglichst genau an seine dichterische Quelle gehalten hat. Denn bei Homer verlässt Apollo seinen Schützling, nachdem die Schicksalswage zu seinen Ungunsten entschieden (λίπεν δὲ ἑ Φοῖβος Ἀπόλλων); Athene enteilt von den Höhen des Olymps, nachdem sie Zeus auf das nachdrücklichste ermahnt hat, dem Schicksal freien Lauf zu lassen (II, XXII, 187: βῆ δὲ κατ' Οὐλύμποιο καρήνων ἀῖξασα). Für den engen Anschluss unseres Künstlers an die homerischen Verse scheinen schliesslich noch die leeren Schalen der Wage zu zeugen. Denn bei Homer sind die δύο κῆρε τανηλεγέος θανάτοιο die zwei pondera [2]), von denen das eine Hektors, das andere Achills Todesloos repräsentiert, während in der aeschyleischen Psychostasie und auf den Vasengemälden, welche die Seelenwägung Achilles-Memnon darstellen, die ψυχαί als kleine Figuren in der Schale stehen.

Die Deutung unseres Bildes aus sich, sowie der Vergleich desselben mit der angeführten Stelle der Ilias hat, wie mir scheint, unzweifelhaft ergeben, dass der den Entscheid der Schicksalswage erwartende Held kein anderer wie Hektor ist. Aber wie passt zu dieser Erklärung die Beischrift 'IΛCOR'? Ich stehe nicht an, meine Ansicht über die Bedeutung dieser Buchstabengruppe dahin auszusprechen, dass in derselben der Name Hektor verborgen ist, und dass eine richtige Lesung demnächst letztern an die Stelle des jetzt unverständlichen Wortes setzen wird. Vergegenwärtigen wir uns nur den Zustand unserer Cista. Durch die Lage im feuchten Boden setzte sich Rost an, der einzelne Buchstaben oder Teile desselben so zerstören konnte, dass sie nach der Säuberung nicht mehr sichtbar waren. Ausserdem zeugen einzelne Namen (z. B. ΜICOΣ, ΜIRCVRIOS) für eine gewisse Eilfertigkeit und Nachlässigkeit des Gravers, so dass man sich nicht

---

1) Vgl. P. J. Meyer, Ueber die Zweikämpfe der Durisschale in der Arch. Zeitung 1882, 1. S. 17. Wie übrigens Athene zur Charakteristik der Seelenwägung Achilles-Hektor verwendet wurde, zeigt das Vasenbild des Herzogs von Luynes (Overbeck, Taf. XXII, 9). Hermes hält die Wage, deren Entscheidung Zeus, mit dem flammenden Blitze bewaffnet, erwartet. Von der Zeus entgegengesetzten Seite eilt eine Frauengestalt herbei, unter heftiger Gestikulation den obersten Schicksalslenker anredend. Die Darstellung hat als Vorbild die homerische Scene Il. XXII, 177 ff., wo durch den energischen Einspruch Athenes Zeus verhindert wird, seinem Liebling zu helfen:

τὸν δ' αὖτε προσέειπε θεά γλαυκῶπις Ἀθήνη,
ὦ πάτερ, ἀργικέραυνε, κελαινεφές, οἷον ἔειπες·
ἄνδρα θνητὸν ἐόντα, πάλαι πεπρωμένον αἴση,
ἂψ ἐθέλεις θανάτοιο δυσηχέος ἐξαναλῦσαι;
ἔρδ'. ἀτὰρ οὔτοι πάντες ἐπαινέομεν θεοὶ ἄλλοι·

Dass die Darstellung nicht auf Achilles-Memnon, wie Overbeck that, gedeutet werden kann, gebt aus dem Fehlen der Thetis auf der andern Seite hervor. Die Frauenfigur, die Overbeck für Eos hält, ist eben Athene.

2) Nach Nägelsbach, Homerische Theologie S. 148.

zu verwundern braucht, wenn der eine oder andere Buchstabe in dem Grabstichel stecken geblieben wäre. Ferner weisen die Beischriften noch eine befremdende Absonderlichkeit auf, die leicht zu einem Missverständnis hinsichtlich einzelner Buchstaben führen kann: nicht bloss ein ganzes Wort (VICTORIA) zeigt eine linksläufige Schreibung, sondern auch der erste Buchstabe des sonst rechtsläufig geschriebenen Wortes ꓒERCLES. Nach diesen Vorbemerkungen betrachte man auf der facsimilierten Tafel den in Frage stehenden Namen. Der wie ein I aussehende erste Buchstabe des Wortes kann der Rest eines H sein, von dem der eine Parallelstrich durch den Rost (in detrito loco et aerugine obducto, Garr.) zerstört ist. Vergleicht man ferner den zweiten Buchstaben unseres Namens mit dem zweiten des Namens VENTVS, so wird man eine linksläufig geschriebene, freilich seltenere Form des Buchstabens E finden, die nur wegen der linksläufigen Schreibweise (vgl. ꓒ in ꓒERCLES) Aehnlichkeit mit Λ hat. Ausser dieser Absonderlichkeit hat aber nichts mehr zu einer falschen Deutung der Buchstabengruppe Veranlassung gegeben, als der Ausfall des T an vierter Stelle. Beispiele für den Ausfall von Consonanten, der übrigens nichts Auffälliges hat [1]), wie für offenbare Schreibfehler, bieten die pränestinischen Bronzen [2]). Die eckige Form des dritten Buchstabens lässt sich nun als C oder T [3]) deuten, so dass die Buchstabengruppe als 'HECOR' oder 'HETOR' = HECTOR zu lesen wäre [4]). Durch diese Lösung der graphischen Schwierigkeiten, welche sich bei

---

1) z. B. ΧΑΡΙΛΟ rückl. für Chariklo auf der Francoisvase in Florenz (Overbeck, Taf. IX, 1).

2) Jordan l. l. S. 7 ff. zählt auf denselben neben drei unzweifelhaften Versehen (Cuꭑido = Cuꭐido Syll. 584, Diaꭑa = Diaꭑa ibidem, Vitoria = Victoria Syll. 528) ebenso undeutliche oder missglückte Schrebereien auf. Der Ausfall des C in 'Victoria' wird von Mommsen durch Hinweis auf Macrobius 3, 2, 11 zu rechtfertigen gesucht, wo das Wort mit 'vitulari' in Verbindung gebracht ist. Allein mit diesem Verbum zusammenhangende Name der Siegesgöttin heisst 'Vitula' (l. c.: Piso ait Vitulam Victoriam nominari). Wenn nicht auf der pränestinischen Bronze zweimal (Garr. syll. 528 und auf unserer Ciste) Victoria geschrieben wäre, würde ich in dieser Form eine Assimilation des C und T erkennen, die dem provinziellen Latein und der Volkssprache eigentümlich war. Als Beispiele für das Schwinden des C auch nach vorhergehendem Vokal in den Dialekten führt Corssen 2. Aufl. I, 36 u. Krit. Nachträge S. 47 folgende Wortformen an: Vi-toria, Vi-torius (C. I. L. 1, Nr. 1160), au-tor, Au-tae, au-tionum, Ad-au-ta, se-tius, denen man noch ve-terinus (von vectum Fest. p. 369) zufügen kann. S. 42 u. 43 führt er Beispiele aus dem vierten bis siebenten Jahrhundert n. Chr. (lattuca, otto etc.) an als Beweise der Uebereinstimmung älterer und späterer Volkssprache. Im Gemeinromanischen erfährt die Kombination CT teils Assimilation, teils Auflösung des Gutturals in i mit Diphthongbildung. Diez, Gramm. d. rom. Spr. I, S. 258, (z. atto für actus, meleditus u. a.). Auch im Umbrische zeigt beide Umwandlungen: erstere in muta = mulcta osk. molto, letztere in deito = dicito, feitu = facito. Umbr. Ger. von Aufrecht u. Kirchhof, I, 73. Sollte im pränestinischen Dialekt nicht vielleicht durch Ausgleichung eine Verwandlung der Lautgruppe 'ct' in 'tt' erfolgt sein, welcher Doppelbuchstabe dann in der Schrift durch den einfachen Laut wiedergegeben wurde?

3) Vgl. die Form desselben mit der des vorletzten Buchstaben in DIESPꓒR. Die Form des T, in welcher der senkrechte Strich nicht in der Mitte des wagerechten, sondern an einem Ende desselben, gewöhnlich an dem linken, ansetzt (Γ), zeigen die Inschriften in Menge. Siehe Ritschl, P. L. M. S. 114, wo die archaischen Formen nebst den Inschriften, auf welchen sie vorkommen, angegeben sind.

4) Sollte sich die Form HETOR bei einer näheren Besichtigung der Ciste statt des jetzt nach den Angaben Garrucci's allein zu erschliessenden HECOR wirklich als Beischrift finden, so wäre dieselbe nicht durch ein Versehen des pränestinischen caelator zu erklären, sondern würde, wie 'Vitoria', einen Beleg ergeben für die in

12

dem in Rede stehenden Namen zeigen, werden die beiden letzten Buchstaben . . OR, deren Lesung unzweifelhaft ist, zu einer Namensform ergänzt, die auch die archäologische Exegese der Scene für die Schicksalswage betrachtende Helden fordert. Man wird daher unserer Deutung nicht den Vorwurf machen können, dass sie, um Schwierigkeiten aus dem Wege zu räumen, zur Annahme von künstlichen Erklärungsmitteln schreitet, als welche die Verstümmelung und der Ausfall von Buchstaben oder eine seltene Schreibweise derselben immerhin gelten kann.

Nachdem unsere Untersuchung das Dunkel, welches über den Figuren der auf unserm Bilde dargestellten Scene der Seelenwägung schwebte, in befriedigender Weise erhellt hat, erübrigt uns noch die Aufgabe nachzuweisen, wie es dem Künstler gelungen ist, diese Scene mit ihrer Parallelscene zu einer einheitlichen Komposition zu verbinden. Letztere Scene ist durch die Beischrift ACILES hinlänglich charakterisiert: es zeugt für die Zähigkeit, mit welcher der traditionelle aus zwei Figuren bestehende Typus der Waffnung Achills sich bis in die römische Zeit behauptet hat, wenn letzterer auf unserm Bilde dieselben Bewegungen ausführt, wie sie eine Reihe von archaischen Vasengemälden (Overbeck S. 442 und 443) und geschnittenen Steinen (ib. S. 445 und 446) aufweist. Auf ersterem wie auf letzterem legt Achill die Beinschienen an, indem er den Fuss auf ein am Boden liegendes Waffenstück stützt. Nur in einem wesentlichen Punkte hat der Künstler eine Umbildung des Typus versucht: nicht Thetis [1] überreicht ihrem Sohn Helm und Lanze, sondern eine Frauengestalt, die als 'Victoria' durch die Beischrift gekennzeichnet ist. In dieser Veränderung haben wir den römischen Geschmack zu erkennen, der, hierin unter dem Einfluss der alexandrinischen Periode stehend, es liebte, in der Dichtung wie auf den Erzeugnissen der bildenden Kunst durch Personifikationen und Allegorieen abstrakte Begriffe zum Ausdruck zu bringen [2]). Durch die Figur der die

den Dialekten häufige Erscheinung. „dass der Sprechende, dem Hange zur Bequemlichkeit folgend, die Sprachwerkzeuge in die Lautstellung setzte, die für den folgenden ihm schon im Bewusstsein vorschwebenden Laut 't' notwendig war". Corssen, Krit. Beitr. S. 43. In den beiden Wörtern würden wir dann einen Anhaltspunkt für die Behandlung der Kombination 'ct' im „pränestinischen Dialekt" gewinnen.

1) In der Ilias (XIX, 12 f.) bringt Thetis selbst die Rüstung. In den Νηρεΐδες des Aeschylus thaten dieses nach G. Hermann op. V, 136 die Töchter des Nereus. Von ihm wird Ennius in seinem Drama 'Hectoris lutra' dieses Motiv entlehnt haben, wenn Ladewigs und Ribbecks Vermutung richtig ist, dass das Scherzwort des Plautus Epidicus I, 1, 32:

múlciber, credo, árma fecit quáe habuit Strattypocles
trávolaverúnt ad hostis: tám ille prognatús Theti
étsi perdat, ália ei adportábunt Nerei fíliae

auf genannte Tragödie zu beziehen sei. Auch Hygin c. 106 lässt die Nereiden die Waffen überbringen: tum contra Hectorem cum inermis prodisset, Thetis mater a Vulcano ei impetravit, quae Nereides per mare attulerunt. Vgl. Ribbeck, Röm. Trag. S. 123 ff. Unser Künstler hat daher für die Veränderung der Figur der Thetis schon Vorgänger gehabt.

2) Robert, Wort und Bild S. 86: „Die Leidenschaft, unter deren Bann die Scene sich abspielt, stellt der Künstler leibhaftig dem Beschauer vor Augen, Oistros und Lyssa reissen den Menschen zum Verbrechen hin, Ate führt ihn ins Verderben. Der hellenistische Künstler stellt neben die kindermordende Medea den Oistros, wie der römische neben den jagenden Hippolytos die Virtus stellt, ohne dass der eine darin einem nacheuripideischen, der andere einem römischen Dichter folgt".

13

Mutter des Peliden ersetzenden Victoria weist uns der Künstler schon im voraus auf
den Sieg Achilles über seinen Gegner hin. Der Diener, welcher die Rosse hält (MICOS =
μικκος 'Junge'), ist κωφόν πρόϲωπον: wie anderwärts Phoinix oder ein Myrmidone oder
gar eine grossbeschwingte Nike, bildet er hier einen gefälligen Abschluss des Bildes [1]).
Mit dieser Gruppe hat die andere, die durch die Person des Aiax gekennzeichnet ist, den
Hinweis auf die Zukunft gemein. Aiax, der Held des 'Waffengerichts', eröffnet eine Per-
spektive auf das Schicksal Achills, dem 'gleich nach Hektors Fall die Todesstunde schlug'
(vgl. die Warnung des Thetis Il. XVII, 96: αὐτίκα γάρ τοι ἔπειτα μεθ' Ἕκτορα πότμος
ἑτοῖμος) und auf den hieraus sich entwickelnden Streit um die Waffen des gefallenen
Helden. Die volle Rüstung, in welcher Aiax im Gegensatz zu Achill und Hektor
auftritt, kann an die eben zur Verteidigung der Schiffe ausgefochtenen Kämpfe erinnern,
in denen er eigentlich als der einzige der griechischen Helden sich bewährt hatte. (Il.
XV, 673 ff., 502 ff., 561 ff. Ovid Met. XIII, 91 ff.) Auch mag seine Anwesenheit auf dem
Bilde an die beiden in der Ilias (VII, 268 ff u. XVI, 409 ff., vgl. Ovid Met. XIII, 85 ff.
Accius fragm. 32) gefeierten Kämpfe hinweisen, in denen er selbst gegen Hektor auf-
trat und seinen Gegner mit gewaltigem Steinwurf niederschmetterte.

Nun erübrigt noch der Erklärung der weiblichen Figur, die Aiax den Helm und die
Lanze (nicht ein Scepter, wie Jordan fälschlich deutet) hält und durch die räthselhafte
Beischrift 'Vepitus' gekennzeichnet ist. Ritschl (Rhein. Mus. 18, 608) versucht die Buch-
stabengruppe als VERITVS = VIRTVS zu erklären. Allein da die Vokaleinschaltung [2]) nur
bei latinisierten griechischen Namen (Privigenus gehört einem andern Kreise an)
sich nachweisen lässt, so kann eine derartige Deutung nicht angenommen werden
(Mommsen C. I. L. 1 p. 553: non probo, quod Ritschelius cogitavit de veritus, vertus).
Auch der Versuch Mommsens (ibidem: fortasse operarius scribere voluit Venus), den
Namen durch Venus zu deuten und als identisch mit Victoria [3]) zu erklären, muss als
unannehmbar erscheinen, da ja diese Göttin doch nicht zum zweitenmal auf unserem
Bilde, wenn auch unter anderm Namen, auftreten kann; auch spricht der Umstand dagegen, dass dann Venus den Gegnern der Trojaner hilfreiche Hand leisten würde, was
undenkbar ist. Was nun die Buchstaben selbst angeht [4]), so sagt Mommsen (a. O.), dass
der dritte mit dem vierten zusammen auch die Deutung auf N zulasse (aut ti aut n pro

---

1) Die Anwesenheit der Rosse könnte auffallend erscheinen, da der Zweikampf doch zu Fuss ausgefochten
wird. Allein dieselben erinnern an den Tod des Patroklos, den sie nicht minder, als ihr Herr, betrauerten, wie
dieses in rührender Weise Il. XVII, 426—455 geschildert wird. Das Fr. VI der Epinausimachie des Accius:
Item ác maestitiam mútam infantum quádrupedum ist hierauf zu beziehen. Ribbeck, Röm. Trag. S. 858.

2) Ritschl, op. II, 504 ff. und Schmitz, Beitr. S. 106 f.

3) Ib. p. 397 ad Iul. 20; „Victoria dea eadem est ac Venus victrix Iuliorumque genetrix utunturque et
alibi duobus nominibus promiscue. Ita quam aedem Veneri Victrici in theatro suo Pompeius posuit,
Victoriae appellat optimus testis tiro apud Gellium 10, 1, 7."

4) Die in ACILES und VERCLES auf der Ciste sich vorfindende Form des L (siehe die Abbildung) gestattet
für den ersten und den vorletzten Buchstaben ausser der Deutung mit V noch die mit L. Der zweite Buchstabe
könnte auch A sein. Demnach wären, abgesehen von der oben angegebenen Deutung des dritten und vierten
Buchstabens, folgende Lesungen möglich: vepitus, lepitls, vapitus, lapitls, lapitus.

3

14

pi tabula admittit lectionem): in diesem Falle würde der Querstrich, welcher die beiden Parallelstriche des Buchstabens verbindet, unterbrochen sein, eine Form, welche nach dem Index palaeographicus bei Ritschl (a. O. S. 111) mit Bestimmtheit mehrere Inschriften zeigen. Bei dieser Annahme erhält man die Lautgruppe 'VENTVS', welche fast von selbst auf den lateinischen Namen der Gemahlin des Herkules 'Iuventus' hinweist. Wie ist nun das Fehlen der ersten Sylbe zu erklären? Zunächst kann die Erscheinung, dass auf Vasengemälden zuweilen blos der letzte Teil des Namens zur Kennzeichnung einer Figur sich findet (z. B. ... TOR = EKTOR Overbeck Taf. XIX, 1), auf unserm Bilde nicht zur Erklärung herangezogen werden, da die übrigen Beischriften desselben volle Namen ergeben. Eher könnte daran gedacht werden, dass der erste Buchstabe durch Rost zerstört wäre und dass der ganze Name 'IVENTVS' geheissen hätte, wie er P. L. M. LXXX c sich findet: AETATE IVENTA[1] ('conferendum est cum senecta aetate Plauti Lucretii' ib. Ritschl). Allein da weder Garrucci noch Jahn von einer Zerstörung auch dieser Stelle durch Rost sprechen, während sie dieses bei der Stelle, wo 'IACOR' stehen sollte, ausdrücklich thun, so ist uns eine derartige Annahme nicht gestattet; wir haben also eine andere genügendere Erklärung zu suchen. Diese scheint der sprachverderbende Dialekt von Präneste zu bieten, wegen dessen die Einwohner dieser Stadt nicht weniger berüchtigt waren, als wegen ihrer Ruhmredigkeit[2]). Im 'Jargon' der säbelrasselnden Pränestiner scheinen nun einzelne Wörter die erste Sylbe eingebüsst zu haben. Dieses geht aus Plautus Truc. 3, 2, 23 hervor, wo Strabax als Entschuldigung dafür, dass er 'rabonem' statt 'arrabonem habeto' gesagt habe, erwiedert: '*a* facio lucri, ut Praenestinis conias ciconia'. Diese Aphärese der ersten Sylbe ist nun nicht etwa als etruskische Vokalunterdrückung zu erklären, sondern muss als eine weitgreifende Eigentümlichkeit des provinzialen Latein angesehen werden. Da sie sich nämlich auf dem ganzen Gebiete der romanischen Sprachen findet, so darf man sie wenigstens für die spätlateinische Volkssprache annehmen, welche 'so manche Bildungen altlateinischen Charakters zähe festgehalten hat'. Schmitz a. O. u. Rh. M. XVIII, 146. Die Erscheinung zeigt sich in den romanischen Sprachen zunächst bei solchen Wörtern, in denen die erste und zweite Sylbe mit demselben Consonanten anfangen, worauf derselbe Vokal folgt. 'In diesem Falle wird die erste Sylbe, als ob sie eine unnütze Reduplikation wäre, zuweilen abgestossen: it. cenno wohl von cincinnus, it. zirlare von zinzilulare, neap. tellecare von titillicare, fr. gourde von cucurbita, pr. paver von papaver, fr. coule von cucullus, ähnlich Santa Cilia (Ortsname) von Santa Caecilia'. Diez Etym. Wb. I, 20. Aber auch bei andern Worten kommt diese Tilgung der ersten Sylbe, wenn dieselbe tonlos ist, häufig genug vor. Als Beispiele führt Diez Gramm. S. 294 f. an: ital. baco für bombaco, bilico für umbilico, cesso von secessus, cimento von specimentum, ciulla für fanciulla, fante von infans, folto

---

1) Zum Ueberfluss weise ich auf die bekannte Tatsache hin, dass V zwischen Vokalen auf Inschriften häufig fehlt; so C. I. L. 119, 9 fluio, 277 Flaus, 885 Iuentia. 1228 vius u. a.

2) Ueber den pränestinischen Dialekt siehe das wegwerfende Urtheil Quintilians I, 5, 56 (Halm): taceo de Tuscis et Sabinis et Praenestinis quoque. Auf die Ruhmredigkeit spielt an das fr. des Anfanges der Bacchides bei Non. p. 474, 32 (Ritschl op. 1, 378):

„Praenestinum opino esse, ita erat gloriosus.''

von infultus, gogna von verecundia, lezia von delicia, scipido von insipidus, sdegno für disdegno, stromento von instrumentum, tondo von rotundus und andere spanische und französische Formen. 'Vor allem trifft diese Aphärese Taufnamen'. Diez a. O. So die Formen Ital.: Betta Bettina für Elisabeth, Pippo familiär für Filippo, Sander für Alessandro, Cecco Diminutiv von Francesco, Rita für Margherita, Enzio Diminutiv von Lorenzo, Bastiano familiär für Sebastiano. Analogien für diese Erscheinung bieten übrigens alle Sprachen. Für die Annahme, dass eine derartige Abwerfung der ersten Sylbe auch im Lateinischen, wenigstens in der Volkssprache, vorgekommen sei, scheint sich ein Anhaltspunkt zu ergeben aus der Behandlung der Namensform der beiden Berge Τόμαρος und Τίμωλος im Lateinischen. Letztere Formen sind sowohl für das Griechische (Steph. Byz.) als für das Lateinische als die älteren bezeugt [1]. Sodann sprach man in den beiden Namen die Vokale der ersten Sylbe irrational, wie in Mgolnia, Dcumius Volntili (neben Volentili), Orcvius (neben Orcevius), Gminia, Ptronio, Trtia [2]. Diese Aussprache fand in der Schrift insofern Ausdruck, als man die Vokale nicht mehr bezeichnete." Nun fügt es sich eigentümlich [3]), dass an allen fünf Stellen bei Vergilius, wo diese beiden Namen vorkommen, im Mediceus und ausserdem in einer oder andern unserer ältern Quellen das T ausgefallen ist." Die Konsequenz dieses Fehlers bleibt unerklärlich, wenn man nicht annimmt, dass in der Aussprache der Anfangskonsonant und mit ihm der Rest der ursprünglichen Anfangssylbe TI und TO abgeworfen wurde. Für diese beiden Namen ist demnach die Aphärese der ersten Sylbe in der lateinischen Volkssprache konstatiert. Einen Anhaltspunkt für die Annahme des Schwindens der ersten Sylbe, im Lateinischen zeigen ferner die von der Wurzel 'gen- erzeugen' gebildeten Formen natus neben gnatus, navus neben gnavus (emsig = zeugend, schaffend), Naevus (Erzeugter) neben Gnaivod, so wie naevus (Muttermal) [4], deren Anfangssylbe die Composita indi-gena, privi-genus, oini-genus unversehrt erhalten haben. Für das Schwinden der ersten Sylbe einzelner Namen im Dialekt von Präneste dürfte sogar der Fehler 'Dindindia' sprechen, welcher (nach Jordan S. 7) auf einer dort gefundenen Grabschrift vorkommt. Nur durch eine Mundart, welche scheinbare Reduplikationen abzuwerfen pflegte, konnte ein Operarius verleitet werden, nach Analogie von 'conia' und 'ciconia' den Namen 'Dindia', welcher ihm durch die Volkssprache verkürzt erschien, durch eine die Reduplikation der ersten Sylbe aufweisende Form 'Din-dindia' wiederzugeben, die er irrtümlich für die schriftmässige hielt.

---

1) Plinius Nat. hist. V, 30, 110 : Tmoli montis, qui antea Timolus appellabatur. Noch Ovid sagt Met. VI, 15 : deseruere sui nymphae vineta Timoli neben Met. XI, 150 : Tmolus, in ascensu und Epist. ex Ponto IV, 15, 9 : quot Tmolia terra racemos.

2) Die irrationale Aussprache der nicht durch die Schrift ausgedrückten Vokale weist nach Ritschl, Rh. Mus. 16, 601 ff. Vgl. Mommsen Eph. ep. 1, 26.

3) Diese Angabe entnehme ich aus Ritschl, Plautinische Excurse Op. 2, S. 518. Die Stellen sind Ge. I, 56, II, 99. Ecl. 8, 44, Aen. IX, 685, Aen. V, 820.

4) Corssen, I, S. 84 : Naevus bezeichnet das Muttermal als geborenes, d. i. angeborenes. Naevius ist entweder von naevus gebildet und bezeichnet ein Kind, das „mit einem Muttermal behaftet ist, oder es ist ein Familienname von dem Vornamen Gnaivos."

Die vorstehende Untersuchung berechtigt uns, in dem 'Ventus' unserer Cista eine ähnliche Fixierung der vulgären Aussprache für die schriftmässige Form des Namens 'Iuventus' zu erkennen, wie sie der Mediceus für die Eigennamen Timolus und Tomarus in den Formen 'Molus' und 'Marus' bietet. Wie im Italienischen 'Giovanna' durch Aphärese der ersten Sylbe zu 'Vanozza' wurde, so mag in der pränestinischen Mundart 'Iuventus' zu 'Ventus' verkürzt worden sein. Bei dieser Annahme findet Victoria ein passendes Gegenbild in jener Göttin, zu deren Wahl den Künstler entweder die Anwesenheit ihres Gemahls Hercules veranlasst hat oder das Streben nach Allegorisierung der Verse Homers, mit denen dieser Dichter den Moment des Todes Hektors schildert Il. XXII, 362 f.:

ψυχὴ δ' ἐκ ῥεθέων πταμένη ῎Αϊδός δε βεβήκει,
ὃν πότμον γοόωσα, λιποῦσ' ἀνδροτῆτα καὶ ἥβην.

Ist die in Vorstehendem gegebene Deutung des Bildes nach seinen einzelnen Spuren richtig, so wird es nicht schwer, beim Betrachten desselben die Ueberzeugung zu gewinnen, dass der Künstler sich nicht mit der materiellen Nebeneinanderstellung der zwei Scenen, welche die Vorbereitung Achills zum Zweikampf mit Hektor und die Wägung der Keren dieser beiden Helden enthalten, begnügt hat, sondern dass er vom Streben geleitet worden ist, durch eine passende Erweiterung beider Einzelscenen verschiedene Motive des Sagenkreises auch zu einer poetischen Einheit zu verbinden. Das Charakteristische unseres Bildes liegt demgemäss nicht sowohl in der Darstellung der augenblicklichen Begebenheit, als vielmehr in der Verbindung der Gegenwart mit der Zukunft durch die bildnerischen Andeutungen, welche den Beschauer gleich über den Verlauf der gesamten Begebenheit verständigen. Infolge dieses Strebens, möglichst viele Motive des Sagenkreises zusammenzufassen, erhalten die einzelnen Figuren eine auf den Effekt gerichtete, die Anregung des Gemüts bezweckende Haltung. Eine solche zeigt sich namentlich bei den Hauptpersonen der Scene: Achill wendet bei seiner durch Rachsucht noch gesteigerten Kampfeslust, ehe er die Rüstung vollständig angelegt, schon den Blick nach seinen Rossen, als könne er den Beginn des Zweikampfes nicht erwarten; die sinnende Haltung kennzeichnet Hektor als den Helden,

„Der für seine Hausaltäre
„Kämpfend ein Beschirmer fiel;
„Lohnt den Sieger grössere Ehre,
„Ehret ihn das schön're Ziel."

Das Theatralische der einzelnen Personen in Bewegung und Gebärde weist entschieden auf eine scenische Beeinflussung des Künstlers hin. Sollte ihm vielleicht als Vorbild eine Scene aus der Epinausimachie des Accius vorgeschwebt haben?

Dr. M. Wollseiffen.

Herders Ansicht von der Auferstehung, als Glauben, Geschichte und Lehre.

―――

Unter den sogenannten „christlichen Schriften" [1]) Herders findet sich auch das Büchlein: „Von der Auferstehung, als Glauben, Geschichte und Lehre", ursprünglich im Jahre 1794 in Riga bei Johann Friedrich Hartknoch erschienen, in welcher Originalausgabe die interessante Schrift uns vorliegt.

Herder beginnt die Vorrede mit einer Erinnerung an Georg Sabinus, den Schüler und Schwiegersohn Melanchthons. Als nämlich dieser in Italien war, fragte ihn der Cardinal Bembo über Melanchthon um verschiedene Dinge, z. B. wie viel Gehalt, wie viel Zuhörer er habe? Zuletzt auch, was er von der Auferstehung der Todten und vom ewigen Leben hielte? Da auf die letzte Frage Sabinus ihm aus Melanchthons Schriften antwortete, erwiderte der Cardinal: „Ich würde ihn für einen gescheiteren Mann halten, wenn er dies nicht glaubte". (Virum prudentiorem haberem, si hoc non crederet. Melch. Adami vitae theol. Germ. p. 360.) Aehnlich, meint Herder, werde es ihm bei manchen seiner Leser gehen; allein, wie dem auch sein möge, so wolle er dem Publikum „eine Meinung nicht entziehen", die, wie ihn dünke, „einiger Aufmerksamkeit werth" sei (S. 4).   •

Welches ist nun diese Meinung? Wir erfahren sie, obwohl schon einige Andeutungen im Vorworte gegeben sind, nicht sofort, sondern werden zunächst in einem ersten Abschnitte zu den Vorstellungen der alten Hebräer über diesen Gegenstand zurückgeführt. Als Keime zukünftiger Entwicklung lagen bei jenen vor: „I. Das Begraben, II. Das Aufgenommenwerden, III. Das Schattenreich" (I, 9). Die erste und einfachste Vorstellungsart, an welche die furchtbaren Gräber erinnern, wurde zuerst und am reichsten entwickelt und zwar geschah diese Entwicklung auf dem Wege des Patriotismus. „Was man von jedem Einzelnen zu sagen sich nicht getraute, sagte man in Zeiten grosser Unterdrückung und eines scheinbaren allgemeinen politischen Todes von der ganzen ewigen Nation" (I, 10). Man erinnere sich nur an Hos. 6, 1. 2. 13, 14. Jes. 26, 19. Später, als die Juden mit dem Parsismus in Berührung kamen (I, 12, Anm.), steigert sich diese Vorstellung zu den stärksten Bildern Ezech. 37. Dan. 12, 2. Die andere Vorstellungsart

―――――

1) Werke zur Religion und Theologie. Bd. 11 u. 12.

vom Aufgenommenwerden hatte ihren Anhaltspunkt an dem Hingange Henochs (I, 3), wurde aber wesentlich nicht weiter ausgebildet, eher diejenige vom Schattenreiche, in welchem die jüdische Nation als „Volksversammlung" (I, 5) gedacht wurde, wie auf Erden. Das Volk der Hebräer war „ein patronymisches Volk im Leben und im Tode" (I, 4). Wie stand es nun mit der Entwicklung dieser drei Vorstellungsarten von der Zukunft zur Zeit Christi? Auf diese Frage erhalten wir im zweiten Abschnitte Antwort. Alle waren vorhanden, aber „alle waren dem Pharisäismus untergeordnet" (II, 1). „Der spottende Unglaube der Sadducäer hatte kein Gewicht; auch Christus trat ihm mit dem alten patriotischen Volksglauben entgegen: „„Gott ist der Gott Abrahams, Isaaks und Jakobs, ein Gott der Lebendigen, nicht der Todten; in ihm leben die Väter alle."" Ihre vorwitzigen Fragen über die Beschaffenheit in der Auferstehung schneidet er kurz ab: „„Es wird dort nicht sein, wie hier; man wird weder freien, noch sich freien lassen; sie werden sein, wie die Engel Gottes im Himmel."" D. i. „es wird ein himmlisches, kein irdisches Reich sein" (Matth. 22, 23—32). Das Schattenreich war zu den Zeiten Christi in „ein furchtbares Gefängniss, den Hades und für die Uebelthäter in eine Hölle (Gehenna) verwandelt"; während ehemals „Arme und Reiche, Könige und Patriarchen (darin) gewohnt hatten" (II, 2). Die Auferstehung der Todten, verbunden mit dem Weltgericht, war damals „ein gemeiner Glaube" (II, 3) und Christus bedient sich, wenn er über die Beziehungen des Messias dazu spricht, „der hergebrachten und gewöhnlichen Formeln seiner Zeit, die er, wo er nur kann, zu einem geistigen Sinn umlenkt" (II, 3). Immerhin sollte aber Christus „als der grosse Wiederbringer der Dinge, mithin als Weltrichter, als Entscheider zwischen den Völkern, als Erwecker der Todten u. f. angesehen werden", ja „als Auferstehung und Leben" (II, 4).

So weit gekommen, stellt sich Herder auf den Standpunkt der kritischen Gegenwart und reiht nun Frage an Frage, von welchen die letzte die bedeutsamste, immer noch brennende ist: „Endlich, die christliche Lehre von der Auferstehung gründet sich auf die Auferstehung des Jesus von Nazareth, in dessen Namen sie verkündigt worden. Wie nun? wenn dieser Grund wankend wäre?" (II, 10). „Irre ich nicht", lautet die Antwort, „so haben viele, selbst der alten guten Christen, diese Geschichte stillschweigend aufgegeben; andere, die neueren Christen, scheuen sich nicht, die Apostel Betrüger zu einem guten Endzweck zu nennen und das Christenthum auf einen verabredeten, aber nützlichen Betrug zu gründen (II, 10).

Gegen diese letztere von Reimarus aufgestellte Ansicht ist eigentlich die ganze Untersuchung gerichtet; aber auch andere Erklärungsversuche, wie derjenige des Scheintodes (vergl. Nachschrift S. 167—171), sowie der schönen Allegorie, der moralischen Dichtung, werden mit in's Auge gefasst. „Wenn dieser Betrug vorhanden ist, sollten und müssten wir ihn nicht in's Licht stellen? Wer, als ein Feiger, könnte dabei noch in falscher Dämmerung fortschleichen?" So fragt Herder (II, 11), mit edler Begeisterung und mit Bezug auf die Annahme der schönen Allegorie, der moralischen Dichtung — ideale Geschichte, Mythus würden wir jetzt sagen — ruft er aus: „Wer wollte von einem so ungesunden Boden am Ufer des Todtenmeeres Trauben lesen, die man anderswo auf gesunden Höhen reicher und besser haben könnte?" (II, 11).

Es folgt im dritten Abschnitte die Darstellung des geschichtlichen Hergangs, in welcher die leibhaftige, wie Herder sie nennt, „körperliche" (III, 10) Auferstehung Jesu durchweg festgehalten wird. Von einer verklärten Leiblichkeit will er, wie aus einer späteren Stelle (VI, 10) ersichtlich ist, nichts wissen. Er beginnt mit dem Tode Christi. „So urkundlich und glaubwürdig die Nachricht vom Tode des Gekreuzigten ist, so glaubwürdig muss unter solchen Umständen auch diese von seiner Wiederauflebung im Grabe sein: denn sie beruhen auf dem Glauben derselben Geschichtschreiber" (III, 5). Den schon von Reimarus erhobenen Einwurf, warum sich denn Christus, wenn er wirklich vom Tode wieder auferstanden, seinen Feinden nicht gezeigt habe, sucht Herder damit zu entkräften, dass er annimmt, das „wäre die unbesonnenste Sache der Welt gewesen. Zum zweiten Mal sollte und wollte er nicht ergriffen, gebunden, verhöhnet, verspeiet, mit Fäusten geschlagen, gegeisselt und gekreuzigt werden; für diese Welt hatte Er vollendet. Im Tempel zumal durfte nach jüdischen Begriffen der Vermaledeiete gar nicht mehr erscheinen. Also gehörte nach Galiläa, was für ihn noch zu thun war" (III, 5). Im übrigen erscheint er als „ein Lebender, nicht als ein Gespenst" (III, 8), wie aus der Geschichte vom ungläubigen Thomas hervorgeht. „Daher es wundersam und fast unbegreiflich ist, wie die spätere Zeit diese körperliche, leibhafte Person, die sich handgreiflich als denselben Jesus von Nazareth zeigte, zu einem geistigen Phantasma habe machen wollen, und machen dürfen" (III, 8). Hierzu kann höchstens Lucas, der aber „kein Augenzeuge" war, wie Matthäus und Johannes, durch den in der Erzählung von den Emmausjüngern (24, 31) gebrauchten Ausdruck ἄφαντος ἐγένετο (von Herder durch: „Er entzog sich ihrem Anblick", übersetzt) Veranlassung gegeben haben. „Ein hie und da sich zeigendes Phantasma wäre sowohl nach damaliger Denkart, als zu Begründung der Sache selbst beinahe ein Spielwerk gewesen" (III, 9). Christus erschien also den Jüngern „als ein Auferwecker, als der Wiedererstandene, der Wiedergeborne" (IV, 1). „In diesem Wort", sagt Herder zu Anfang des vierten, von der Bedeutung der Auferstehung für die Jünger handelnden Abschnittes, „liegt Alles und auf diese That ward das Christenthum errichtet" (IV, 1).

Eben diese nun folgende Schilderung der Bedeutung der Thatsache der Auferstehung für die Jünger ist voll Frische, Geist und Leben, voll Wahrheit und Kraft geschrieben. Sie wussten nun, dass „bei grossen Unternehmungen traurige Katastrophen unvermeidlich" seien und gingen daher ihrem „sieggekrönten, von Gott auferweckten Vorgänger" (IV, 11) getrost in den Tod nach. „Sein Kreuzestod ward als ein blutiger Kampf zum Siege, zur Errettung der Welt vorgebildet ... Mit dem Auferstandenen lebten sie als Entkommene in einem neuen Leben" (IV, 11). „Die Scheidewand zwischen Juden und Heiden" fiel. „Der Erstandene gehörte dem Volke, das ihn so schändlich verworfen hatte, nicht mehr an. Er befahl seinen Boten ausdrücklich: in alle Welt auszugehen, das Evangelium aller Kreatur zu predigen ..... Ein neuer Christus erstand, der Erstgeborne aus dem Todtenreiche zu einer neuen Weltverfassung im Himmel und auf Erden (Col. 1. 2)." IV, 14. Mit dieser „neuen Weltverfassung im Himmel und auf Erden" wurden auch die Sacramente, Taufe und Abendmahl (IV, 17), in Verbindung gebracht. „Eine Neubelebung ward gleichsam die Hauptbezeichnung dessen, was die christliche Denkart forderte. — „Fast alle Mysterien hatten solche Figuren des Todes, des Ersterbens, der Belebung, des Genusses in einem höheren Leben; manche derselben hatten in den Initiationen sie sogar typisch abgebildet. Hier war kein selbsterfundener Typus nöthig; die offene Geschichte der Entstehung des Christenthums, die man eben damit erhielt und fortpflanzte, war ein solcher sie beurkundender Typus" (IV, 17).

Nach diesen Ausführungen wendet sich Herder im achtzehnten Paragraphen des vierten Abschnittes nochmals mit aller Bestimmtheit gegen die Annahme eines planmässigen Betruges, der er zweierlei vorwirft: erstens, dass sie ohne allen historischen Grund sei, zweitens, dass sie der ganzen Lage der Sache widerspreche. „Wer gab dann", fragt er mit eindringender Schärfe, „den eben noch vorhin so anders und grobdenkenden Fischern und Zöllnern diesen neuen und künstlichen Plan an? Wer gab ihnen solchen zur ungeschicktesten Zeit an, da sie mit einem an's Kreuz gehenkten, unter Schmach und Abscheu gestorbenen Messias zum Vorschein kamen, und damit selbst zum Spott und Abscheu werden mussten? Welch' ein unsinniger Plan, dass diese elf Galiläer zu Jerusalem vor der versammelten Nation das Reich eines Messias ankündigen und anrichten wollen, der vor wenigen Tagen als ein Uebelthäter den schimpflichsten Tod, den man nur Knechten und Verworfenen anthat, gestorben war?" (IV, 18.) Ein verabredeter Plan ist nicht zu entziffern (IV, 19). Dagegen spricht auch die Gestalt der Auferstehungsberichte. „Wenn diese sorglose, brüchige Gestalt der Erzählung kein Zeichen von der Unbefangenheit des Sinnes im Erzählenden sein soll, so kenne ich fast keines: denn stimmten alle in Allem auf's genaueste zusammen, so hätte man eine Verabredung zu argwohnen weit mehr Ursache. Jetzt sind fast keine drei Zeilen, die nicht ein andrer anders erzählt und doch stimmen sie alle darin überein: „Er ward begraben und im Grabe lebendig; er stand auf und unterhielt sich mit seinen Freunden noch oft. Diese Unterhaltung mit ihnen und die Aufträge, die er ihnen während dieser Zeit machte, wurden der Grund ihrer neuen freudigen Botschaft." (IV, 19.)

Hiemit ist die Untersuchung über die Auferstehung Jesu selbst geschlossen. Der folgende fünfte Abschnitt handelt von der Himmelfahrt, vom Sitzen zur Rechten Gottes, von der Wiederkunft zum Gerichte und der Auferstehung der Todten. Im sechsten Abschnitte wird in feiner und lichtvoller Weise der Unterschied zwischen den vom Christenthume, als κήρυγμα εὐαγγελίου, verkündigten Thatsachen und den später entstandenen Dogmen aufgezeigt, im siebenten werden für Freunde und Gegner der christlichen Heilswahrheit praktische Schlussfolgerungen gezogen. Wir müssen, um nicht zu weitläufig zu werden, auf eine eingehende Analyse dieser Partieen der geistvollen Schrift Herders verzichten, erlauben uns aber noch bei der Nachschrift (S. 167—184) zu verweilen, weil diese auf den eigentlichen Hauptgegenstand, die Auferstehung des Herrn, zurückkommt.

Herder nimmt an, es werde ihm zugestanden, er hätte die Apostel vom Vorwurf eines wissentlichen Betruges gerettet und im Zusammenhange der Umstände die Auferstehung ihres Lehrers und seinen nachmaligen lebendigen Umgang mit ihnen glaubhaft gemacht, „so bleibt die Möglichkeit eines zweiten Vorwurfs übrig, dahin gehend, dass sie unschuldige Enthusiasten waren." „Sie hielten", könnte man sagen, „für ein Wunder, was vielleicht kein Wunder war; sie glaubten, dass diese Auferweckung durch Allmacht Gottes bewirkt worden, da sie vielleicht eine natürliche Wiederauflebung unter den reichen Gerüchen Nikodemus gewesen und bauten darauf so viel Beweise und knüpften daran so viel Hoffnungen und Lehren. Endlich bei der Himmelfahrt des Auferstandenen, sollte da nicht ein frommer Betrug vorgegangen sein, den sie uns wissentlich verschweigen?"

„Wäre", entgegnet Herder, „die Wiederauflebung Christi auch blos als eine Naturbegebenheit gerettet: so wäre dies für die Geschichte des Christenthums nicht unbeträchtlich: denn diese träte damit wenigstens in das Licht eines natürlichen Zusammenhanges, über den man frei sprechen darf", die Jünger aber wären von dem Vorwurfe eines absichtlichen Betruges gerettet und „die Veränderung im Gemüth der Apostel" schon von diesem Standpunkte aus gerettet. (Nachschrift 1.) Aber man darf weiter gehen: „Das Wunderbare in einer Geschichte spricht für sich selbst und hat keine Anpreisung nöthig; das Wunderbare in dieser Geschichte ist im höchsten Sinne des Worts σῆμα, σημεῖον, τέρας, ein Wunderzeichen, das Jedem in die Augen fällt, der die Umstände liest, geschweige erlebt." Freilich „Wunder, im Begriff der scholastischen Metaphysik kennt die Zeit der Propheten, Christi und der Apostel nicht, sowie sie auch ausser dem Kreise alles menschlichen Urtheils liegen. Wollet Ihr, dass der allmächtige Vater in höchsteigener Person sich zum Grabe Christi verfügt und seinen Sohn laut aufgeweckt habe; so widerspricht sich Christus selbst: „„Ich habe Macht, mein Leben zu lassen und habe Macht, es wiederzunehmen. Solche Vollmacht habe ich empfangen von meinem Vater."" — „Auf wie elende Dinge gehen dergleichen übermenschliche Subtilitäten hinaus! und wie weit besser ist's bei der Schrift zu bleiben: „„Er erstand, er ward lebendig, er nahm sein Leben wieder, Gott erweckte ihn von den Todten!"" Geschieht im Naturreich Gottes etwas ohne seine Kraft und Allmacht? Geschähe etwas dergleichen in seinem physisch-moralischen Reiche?" (Nachschrift 2.) Aber Christus war vielleicht scheintodt? Diese Annahme wird folgendermassen, nicht ohne Anwendung eines gewissen Masses berechtigter Ironie zu entkräften gesucht. „Sich auf zweifelhafte Symptome der medicinischen Lebens- und Todeskritik einzulassen, wäre bei dieser Geschichte Missbrauch neuerer Kenntnisse und Unterscheidungsworte. Ist, nach der Behauptung der Physiologen, das Kriterion des Todes so ungewiss, dass es nur in der äussersten Folge desselben, der wirklichen Auflösung des Körpers sich unwidersprechlich zeigt, so mögen die Physiologen das unter sich ausmachen. Uns sagen die Apostel deutlich: Christus habe die Verwesung nicht gesehen; Gott könnte es nicht zugeben, dass seinen Auserwählten die Verwesung nur berühre..... Aeusserst kindisch wäre es, den Aposteln Vorwürfe zu machen, dass sie die Semiotik nicht besser verstanden, oder dem Nikodemus, dass er statt seiner Myrrhen und Aloën bei hundert Pfunden, nicht lieber die Rettungsmittel der heutigen medicinischen Polizei angewandt habe. Wohin verirren wir uns mit unserem gelehrten Vorrath!" (Nachschrift 3.) Christus war wirklich gestorben. Wenn die Weiber „sich in das Grab des Todten wagten", so geschah dies „nicht in der mindesten Hoffnung einen Gestorbenen lebend zu finden. Eben so entfernt waren die Jünger von dieser Hoffnung; es war ihnen, als sie sich davon überzeugten, das grösseste Wunder und Zeichen (μεγαλεῖον τοῦ θεοῦ) auf ihre Lebzeiten" (Nachschr. 4). Wenn also von einem „Enthusiasmus" derselben gesprochen werden will, „so war es wenigstens kein grundloser, kein selbstgemachter Enthusiasmus. Durch die sonderbarste Begebenheit der Welt war er ihnen eingehaucht und konnte mit der heitersten Fassung der Seele verbunden bleiben" (Nachschr. 7). „Lasset uns den zehnten Theil dieser Begebenheit als unsere selbst erlebte Erfahrung denken; die trägste Seele bekäme dadurch einen unvertilgbaren Eindruck" (Nachschr. 5). „Die Auferstehung Christi war eine Wiedergeburt der Apostel zu neuen Ideen und Hoffnungen, zu einer Wirksamkeit bis an ihr Lebensende. Nennt man dieses Enthusiasmus, so waren sie die unschuldigsten, ihrer Sache gewissesten und fröhlichsten Enthusiasten. Sie zeugten von dem, was sie erfahren hatten" (Nachschr. 7). Hieraus ergab sich denn auch ihre Hoffnung für die Zukunft, „die Hoffnung eines ewigen Zusammenlebens mit Christus in einem geistigen himmlischen Körper, den die Apostel aber nicht aus dem Grabe Christi, sondern aus seiner Aufnahme zu Gott, aus seinem verherrlichten Zustande im Himmel holen" (Phil. 3, 21; 1 Petr. 1, 4; 1 Joh. 3, 2 u. f.). Nichts als die Möglichkeit einer Wiederbelebung erwiesen sie aus der Auferstehung Christi und nannten den Erstgebornen aus dem Todtenreich zugleich den zweiten Stammvater zu einem geistigen, nicht irdischen Leben, den Herrn vom Himmel (1 Cor. 15, 45—49).

Höchst merkwürdig ist der stark rhetorisirende Schluss der Nachschrift, den wir unverkürzt wiedergeben. „Läge es also nur an dem kleinen Factum seiner sichtbaren Himmelfahrt d. i. an einer Erhebung seines Körpers einige Schritte hoch in die Luft, wo er den Augen seiner Begleiter entzogen worden; wer hätte je auf dieses Moment die Wahrheit der Auferstehung oder der Lehre des Christenthums gebaut? Wünscht Ihr aber für ihre Schmerzen und Beschwerden einer fabelhaften Ariadne und Ino Glück; gönnet Ihr für ihre zweifelhaften Verdienste den Namen eines Cyrus, Romulus, ja jedem um die Menschheit verdienten Mann eine belohnende Aufnahme zu den Göttern; fast schäme ich mich, zu ihnen den Namen dessen bettelnd hinzuzuschreiben, der von Gott geliebt und auf's härteste geprüft, immerhin das Muster eines stillen und des reinsten Verdienstes um die Menschheit, immerhin auch das Muster eines geretteten Glaubenshelden sein wird, so lange Menschen auf unserer Erde leben. Auf also! (gebietet uns die Geschichte der Auferstehung) auf aus der Herzensträgheit, die dem Glaubwürdigsten zuweilen den Glauben weigert. Der Heilige ist wirklich auferstanden und dadurch, eben nur dadurch, ward das Christenthum gegründet. Ἠγέρθη ὁ κύριος ὄντως." (Nachschr. 10.)

Pfarrer F. R. Fay,

ev. Religionslehrer.

De vita Constantini Eusebiana.

Historici qualem nos esse iubemus munere Eusebius Caesariensis episcopus in libris quattuor de vita Constantini scribendis neque ubique perfunctus est neque voluit perfungi. Notum est multa ab eo silentio demersa, multa neglecta, multa cum nimio erga imperatorem studio enarrata esse: ignoratur adhuc — ut mihi quidem videtur — quo potissimum consilio Eusebius libros illos conscripserit [1]).

In exordio libri primi (c. 11) finem ipse sibi proponit enarrare ea, ex quibus appareat, quam religiosa ac deo accepta vita Constantini fuerit itaque omissurum se esse dicit:

1. bella, proelia, victorias, triumphos,
2. rescripta ad privatos
3. constitutiones et leges
4. plurimos principatus labores a C. exantlatos.

Addit denique per totum opusculum, quam maxime possit brevitatis se fore studiosum.

Quae si tenebimus memoria, perlegentes libros illius in eo quidem non iam offendemur, quod de Crispi Faustaeque caede a Constantino perpetrata Eusebius tacet [2]), quippe quod facinus deo acceptum fuisse nemo putet, mirabimur vero non sine causa

1. quod etiam de temporibus ante expeditionem contra Maxentium susceptam, qua in expeditione Constantinus primum religiosus atque deo acceptus esse coepit et de eius in regnum successione non pauca refert. I 12—25.
2. quod bellum illud contra Maxentium gestum tam copiose exponit. I 26—40.
3. quod copiosius etiam Licini maleficia enarrat [3]). I 49—59. II 1. 2.

---

1) cf. varia v. d. de hac re iudicia: Manso p. 272 sq. Baur, die Epochen der kirchlichen Geschichtschreibung. Tübingen 1852 p. 22. Burckhardt [1] p. 346, 398, 399, 390, 375. Görres, kritische Untersuchungen über die licinianische Christenverfolgung. Jena 1875 p. 32. F. H. Suchier, qualem Eusebius Constantinum Magnum imperatorem adumbraverit paucis exponitur. Hersfeld 1857.

2) Ne quis forte hisce c. 47. l. I verbis: εἶτα δὲ καὶ μετὰ τοῦτον (Μαξιμιανὸν) τῶν πρὸς γένους ἕτεροι κρυφίους αὐτῷ συρράπτοντες ἐπιβουλὰς ἡλίσκοντο et mentionem factam et causam caedis illius relatam esse putet, moneo cum de eo, quod nemo eorum, qui de Crispi caede scripserunt de tali causa quidquam tradit, tum de eiusdem libri c. 50, ubi insidiae Licinianae Constantino dei singulari benignitate patefiunt: τῷ δ'αὐτοῦ θεράποντι κτλ.

3) cum tamen ipse dicat ad communem hominum vitam usui tantum esse relationem eorum, quae bene facta sint. I, 11. cf. III, 59.

4. quod I 50 de compluribus legationibus a Licinio missis ut Constantinum falleret deque foederibus ruptis mentionem facit, quas quidem legationes et foedera in historia ecclesiastica non commemorat.

5. quod brevitatis ratione minime habita edictum imperatoris pro christianis, qui sub imperio Licini fuerant totum nobiscum communicat (II 24—42) postquam ea, quae lege illa continentur iam antea (II 20, 21) accurate enumeravit.

6. quod II 47—60 rescriptum Constantini ad provinciales Orientis narrationi inserit, quod quidem rescriptum et fronte adversa pugnat [1]) cum iis, quae in c. 45 dixerat et nimia brevitate minime laborat.

7. quod IV 5. 6. iterum de bellis Constantini sermo est.

8. quod de Indorum legatione refert IV 7. 50.

Enumeravimus nonnulla, quae cum fine illo, quem Eusebius sibi propositum esse in primordio dicit haud ita bene congruere videntur, sed etiam facta, quae narrat et ipsa et si comparantur cum aliorum scriptorum relationibus tam multa habent, quo offendaris, ut longum sit omnia enumerare. Unum iuvat e. g. monere quod Eusebius unus inter scriptores aetatis Constantinianae demonstrare conatur Licinium a Constantino non contra ius sacramenti interfectum esse [2]). Cetera nunc quidem missa faciamus et sine ambagibus ad rem ipsam, quam exponendam nobis proposuimus accedamus.

De Ζωσίμου κόμητος ἀπὸ φισκουσυνηγόρου historia Photius in codice 98. dicit: εἶποι δ'ἄν τις οὐ γράψαι αὐτὸν ἱστορίαν ἀλλὰ μετατράψαι τὴν Εὐναπίου τῷ συντόμῳ μόνον διαφέρουσαν. Εὐνάπιος δὲ (cod. 77) δυσσεβὴς τὴν θρησκείαν ὢν (τὰ Ἑλλήνων γὰρ ἐτίμα) τοὺς μὲν εὐσεβείᾳ τὴν βασιλείαν κοσμήσαντας παντὶ τρόπῳ καὶ ἀνέδην κακίζων διασύρει καὶ μάλιστά γε τὸν μέγαν Κωνσταντῖνον. Huius quidem aetatem Eunapius, quippe qui anno 347. natus sit, non viderat ipse, cognoscere vero potuit res ab imperatore pio gestas ex aequalibus Constantini, ita ut ea, quae Eunapius imperatori obicit etiam ab aequalibus Constantino obiecta esse statuere liceat. Adversarios habuit Constantinus, id quod iam per se liquet si singularis hominis contemplamur virtutem, prudentiam, violentam calliditatem, industriam indefessam; adversarios habuit inter Romanos, quorum superbiam pristina urbis gloria nixam condita Constantinopoli quam maxime offenderat, adversarios habuit eos, qui patrum religionibus

---

1) cf. c. 45 ὁ μὲν εἵργων κτλ et c. 56 ὁμοίαν τοῖς — ἀπόλαυσιν. μηδεὶς τὸν ἕτερον — πραττέτω. cf. praeterea c. 60. III, 48, 54. IV, 86. Non opus est de Eusebii fraudulenta calliditate multa disserere, satis erit, relegare lectorem ad Valesii adnotationem (I, 45) et ad Manso p. 116 sq. Burckhardt p. 405 sq.

2) Ignoscendum Valesio quod orationis Eusebianae inani et verborum et locutionum strepitu deceptus in suis ad 1. II c. 6, 10, 12. adnotationibus lectores docet Eusebium primum de bello Cibalensi, dein de bello anni 828. loqui. Collatis enim hist. eccl. X, 8, 2 cum V. C. I, 49, 2. X 8, 3. 4 = I 50, 1. X 8, 5. 6 = I 50, 2. X 8, 8 = I 50, 2. X 8, 11. 12 = I 54, 2. 55, 1. 2. X 8, 13 = I 58, 3. X 8, 14 = I 56 in. II 1, 2. X 8, 15. 16 = II 2, 1. X 8, 17. 19 = II 2, 2. 3. X 9, 2. 3 = II 3, 1. unicuique apparet de eadem re utroque loco verba fieri. In historia vero ecclesiastica de bello Cibalensi sermo non est, id quod vel maxime eo intellegi potest, quod in fine narrationis uno tenore procedentis legimus: ὁ δ'ἀρετῇ πάσῃ θεοσεβείας ἐμπρεπὴς μέγιστος νικητὴς Κωνσταντῖνος σὺν παιδὶ Κρίσπῳ βασιλεῖ θεοφιλεστάτῳ καὶ κατὰ πάντα τοῦ πατρὸς ὁμοίῳ τὴν οἰκείαν ἐψαν ἀπελάμβανον καὶ μίαν ἡνωμένην τὴν Ῥωμαίων κατὰ τὸ παλαιὸν παρεῖχον ἀρχήν κτλ. cf. etiam Görres l. l. p. 5—82. (Photium cod. 262. Socratis h. eccl. I 4.)

dediti aegre ferebant imperatorem christianis tanto opere indulgere, adversarios denique habuit in numero eorum, qui rebus publicis operam navabant in oriente potissimum, quia Licinium pessumdederat et rerum per vim potitus erat. Inflammabat hos omnes atque coniungebat odium commune in Constantinum; observabant invidi quaecumque agebat, vituperabant sicubi occasio iis data est. Quorum adversariorum — vel si hoc nomen magis placet — cuius factionis imperatori oppositae si perlustrabimus opprobria statim de vero fine operis Eusebiani dubii non diutius haerebimus. Ecce coniuncta et opprobria illa et defensio Eusebiana:

Zosimi opprobria

1. Constantinus legitimus Constantii filius non fuit; fugit ad patrem ἤδη ἔχων ἔννοιαν ἐν ἑαυτῷ βασιλείας; a militibus Caesar proclamatus est. Exemplo eius Maxentius permotus Romae tyrannidem usurpavit. II 9, 2. 9, 1. 2.

2. C. perfidia sua bellum Cibalense movit. II 18.

3. Neque minus belli alterius cum Licinio gesti auctor fuit C. II 22.

4. Licinius a C. contra ius sacramenti privatus occiditur (Hieronymus ad Euseb. chron. ol. 276, 2) II 28.

5. Postquam universum imperium ad unius C. potestatem rediit non iam diutius insitam a natura malitiam tegebat, sed indulgens animi libidini ad facinus quodcumque potentia sua abusus est. II 19.

6. Posthabita omni humanitate C. et filium et uxorem necavit. II 29, 3.

7. Cum ob hoc flagitium sollicitaretur animo christianorum amplexus est religionem. II 29, 7.

8. Oraculorum auctoritatem infregit, ne quis contra ipsum imperatorem ea consuleret. II 29, 2—8.

9. Abiecta omni erga deos pietate im-

defensio Eusebii.

Constantinus legitimus Constantii filius fuit; imperium ei a patre traditum est, fugit vero insidias Galeri. I 12—22 cf. h. eccl. VIII, 13.

Eusebius de hoc bello tacet. cf. prooemii c. 11.

Licinius et causa fuit belli et prior aggressus est. I 49—II 18.

Licinius foedus cum C. iniit et rupto foedere poenam iustissimam persolvit II 15 sq. I 50.

Constantinum et iustissime et optime per totam vitam regnavisse Eusebius per totum opusculum demonstrare studet.

Eusebius tacet.

Eusebius nihil habet antiquius quam ut demonstret, quam falsa sit ea sententia. cf. I 27—32. 40. 42. 44. 47. 52 in. II 4. 9. 13—16. 20—24. Neque alia est causa cur edictum illud pro christianis (v. s. p. 24, 5) totum narrationi inserat. II 24—42.

C. religionis christianae veritatem singularem bene perspexerat itaque et oraculorum vanum usum repudiabat et de hac sua opinione provinciales Orientis edocere non est dedignatus. II 47—60.

Deorum simulacra c. abstulit et diruit, ut

26

perator statuas deorum sacras abstulit et transformare ausus est. II 31, 3.

10. Romanorum odium in se collegit quia ludos Capitolinos ludibrio habuit et ob eam causam aliam imperi sedem sibi coepit constituere. II 29, 10.

11. Ex quo tempore Constantinopolim condidit imperator imbellis factus est, quin etiam invadente Taiphalorum caterva fugae turpissimae se dedit. II 30. 31, 5. 6. Postea imperi fines militibus aliter distributis neque ullo defensore relicto barbarorum praedationibus tradidit. II 34.

12. Reditus publicos inutile eius aedificandi studium largitionesque plebei Constantinopolitanae factae consumpserunt. II 32, 1.

13. Imperium unum Constantinus in quattuor discerpsit et praefectorum ceterorumque magistratuum potestatem imminuit. multitudine munerum novorum. II 32, 4—33, 6.

14. Exercituum imperia a praefectis ad magistros militum transtulit itaque disciplinam militarem dissolvit. II 33, 7—12.

15. Redituum publicorum maximam partem hominibus vilissimis gratificatus est. II 38, 1. 2.

16. Tributum gravissimum imperator imposuit omnibus ubique terrarum negotia exercentibus II 38, 3—6. Virorum clarissimorum patrimonia discripta habebat iisque tributum imposuit, quod follem ipse nuncupavit. II 38, 9.

inanitatem eorum manifesto demonstraret. III 54 1).

Romani Constantinum summis semper honoribus adfecerunt. IV 63, 3. 69.

Imperium usque ad mortem Constantini validissimum fuit externisque nationibus et timorem iniecit imperator et victorias de iis reportavit. IV 5—7. 50. 56.

Beneficentissimus imperatoris animus vix satisfacere sibi potuit. IV 1—4. 28.

Quia omnibus Constantinus bene facere studebat novas etiam dignitates excogitavit. IV 1. s. f.

Milites imperator ad religionem christianam informavit piosque reddidit. IV 19—21.

Concedit id quidem Eusebius dicens nimis clementem fuisse imperatorem atque benignum. IV 31. cf. 29, 4. 30. 54.

Vectigalium remissionem agricolis benignissime concessit, si quis de tributi nimia gravitate querebatur, peraequatores mittere solebat. IV 2,3.

Unum statim ex hac compositione elucet: Eusebium per totum opusculum rationem habuisse opprobriorum, quae ab adversariis in Constantinum coniciebantur. Porro non dubitamus quin is, qui accuratius libros Eusebianos pertractaverit, intellecturus sit totum opus ab Eusebio statim ab initio ita esse institutum ut imperatorem ab opprobriis factionis cuiusdam adversae defendat. Multa facinora Constantini defendi nullo modo poterant, itaque Eusebius praemonet proposuisse sibi ea tantum enumerare, quae ad communem hominum vitam usui essent. Plurima eorum, quae ad regni administrationem pertinent, quippe quibus nemo adversaretur, omittere sibi visus est, quaecunque reprehensionis praebebant ansam, ea defendenda suscepit. Sed etsi non difficile tamen longum

1) Quam mire in hisce relationibus Eusebius sibi ipse repugnet intelliget, qui comparaverit inter se III 48, 54. IV 39. II 56.

est hoc loco totum opus Eusebianum percensere et in singulis capitibus quin etiam in singulis locutionibus idem ubique consilium patefacere, audiamus potius alia, in coniectura ea quidem posita nec tamen veri — ut mihi quidem videntur — dissimilia.

Constantinum Eusebius bene noverat, consuetudine eius etsi non familiari tamen satis necessaria usus est; non paucis locis ipse ad imperatorem provocat auctorem eorum, quae refert [1]). Nota sunt adversariorum in imperatorem opprobria, nota sunt prudentia, sapientia calliditas Constantini per totam eius dominationem perspicua. Num tali imperatori populi de ipso opinionem nihil valuisse putemus? Nonne ad imperi tranquillitatem et firmandam et conservandam quam maxime eius debebat interesse ne rabidis illis insectatoribus fides haberetur? Sane facta infecta fieri nequibant, sed edoceri poterant homines de rebus ab imperatore gestis quemadmodum ipse voluit imperator. Cohors creanda erat scriptorum aulicorum et impugnanda adversariorum opprobria libellis ab imperatoris amicis pro singularum regionum incolis, perpensa simul legentium indole, conscriptis. In numerum horum amicorum Constantinus adscivit etiam Eusebium. Iam melius intellegemus unde Eusebio cognitio illa tam intima, vel eorum venerit, quae Constantinus cogitavit, iam intellegitur, cur in proemio dicat scribendum sibi esse ut desidiae opprobrium vitet [2]), iam scimus quid sibi velint verba eius II, 5: ἡμῖν δὲ τοῖς εἰς ταύτην κεκλημένοις τὴν γραφὴν οἱ τῶν λόγον αὐτήκοοι τῆς τούτων μικρὸν ὕστερον μετεδίδοσαν γνώσεως. Ne tamen omnino vanam atque futtilem hanc esse coniecturam putes de cohorte illa scriptorum aulicorum, ecce alia eiusdem rei vestigia:

Ars illa informandae per libellos opinionis hominum iam ante Constantinum exercitata erat a Maximino, ut Eusebius h. eccl. IX c. 5. narrat.

Quantum quidem nos comparare possumus Eusebius et ii, quos paullo post adducemus scriptores accuratissime congruunt cum panegyricis qui vocantur [3]).

Πραξαγόρου τοῦ Ἀθηναίου τῆς κατὰ τὸν μέγαν Κωνσταντῖνον βιβλία δύο Photius in cod. 62. recenset: φησὶν οὖν ὁ Πρ. καίτοι τὴν θρησκείαν Ἕλλην ὢν ὅτι πάσῃ ἀρετῇ καὶ καλοκἀγαθίᾳ καὶ παντὶ εὐτυχήματι πάντας τοὺς πρὸ αὐτοῦ βεβασιλευκότας ὁ βασιλεὺς Κωνσταντῖνος ἀπεκρύψατο. ἐν οἷς αὐτοῦ καὶ οἱ δύο συμπαραινοῦνται λόγοι. Perlegentes quae ex adulescentuli illius opusculo Photius excerpsit, id statim videbimus in omnibus cum Eusebio eum congruere. Exordium enim Praxagoras etiam facit ab illo tempore, quo Constantinus apud Diocletianum Galeriumque Nicomediae versabatur, refert deinde de insidiis Galeri, de Constantini fuga, de traditione imperi, de bellis contra Celtas Germanosque gestis; eadem atque Eusebius dicit de Maxentio, eadem de Licinio, nisi quod de morte eius Praxagoras plane tacet — nempe quod Graecis inventum illud de rebellione Licini obtrudi non poterat, quia Thessalonice urbs in Graecia sita nec satis longe Athenis aberat. — In fine operis Praxa-

---

1) De Eusebii cum Constantino consuetudine cf. I 1. 2. 19. 26. II 8. 9. 45. III 51. 60. IV 24. 33. 34. 35. 39. 45. 46.

2) cf. I 10: ὄκνου καὶ ἀργίας ἀφοσιωμένους ἔγκλημα.

3) cf. e. g. de causa qua permotus C. Maxentium impugnaverit V. C, I, 26. Incerti pan. in C. Augustum c. 3. c. 4. in. Nazarii pan. 12, 13. (Arntzen p. 472—79. 569—571.) de imperio a Constantio ad filium hereditatis iure traditum: Eus. I. 21. Incerti pan. Maximiano et C c. 5, 3. Eumenii pan. Constantino Aug. c. 6.

goras de Constantinopoli verba fecerat. Et christianos igitur et paganos de rebus a se gestis doctos voluit Constantinus.

Fortasse etiam alterius historiae pro christianis Constantino auctore conscriptae vestigium habemus in iis quae in Photi codice 252 servata sunt.

Hucusque rem deducere mihi proposueram. Ad summam statuere licet haec: negari nequit Eusebium libros quattuor de vita Constantini eo potissimum consilio conscripsisse ut imperatorem ab adversariorum opprobriis defenderet; veri porro est simillimum Eusebium ab ipso imperatore et impulsum ad scribendum et inter scribendum adiutum esse; veri denique simillimum est multos praeterea alios scriptores a Constantino esse conductos ut res a se gestas, quemadmodum ipse vellet descriptas, posteritatis memoriae traderent.

Dr. P. Meyer.

Bedeutung der Vorübergänge der Venus vor der Sonnenscheibe mit spezieller Berücksichtigung des Vorüberganges am 6. Dezember 1882.

———

Es ist ein bekannter Lehrsatz der Mechanik, dass wenn zwei Massenkörper nach dem Newton'schen Gravitationsgesetze aufeinander wirken, die Bahn derselben ein Kegelschnitt ist, von welchem ein Brennpunkt der gemeinsame Schwerpunkt der beiden Körper ist. Dieser Satz gilt selbst für den Fall, dass der gemeinsame Schwerpunkt eine gleichförmige geradlinige Bewegung im Raume hat. Es hängt nun von der Grösse und Richtung der Anfangsgeschwindigkeiten der beiden Körper ab, ob die Bahn eine Ellipse, Parabel, Hyperbel oder eine gerade Linie ist, welche man als eine Parabel mit unendlich entferntem Brennpunkte auffassen kann.

Ueberwiegt der eine der beiden Körper den andern bedeutend an Masse, wie es z. B. bei der Sonne und irgend einem Planeten der Fall ist, so fällt der gemeinsame Schwerpunkt fast in den Mittelpunkt des grösseren Körpers und man kann dann annähernd sagen, der kleinere Körper bewege sich um den Mittelpunkt des grösseren. Die Bahnen der Planeten sind nun Ellipsen und zwar fällt der eine Brennpunkt nahezu mit dem Mittelpunkte der Sonne zusammen. Eine Ellipse ist definiert als der geometrische Ort aller derjenigen Punkte, deren Entfernungen von zwei festen Punkten, Brennpunkte genannt, zusammengenommen gleich einer gegebenen Linie 2a sind. Verbindet man die

Fig. 1.

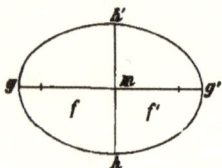

beiden Brennpunkte f und f' mit einander und verlängert diese Linie nach beiden Seiten hin bis zum Durchschnitte mit der Ellipse, so heisst die Strecke gg' die grosse Axe. Eine Senkrechte hh' in der Mitte m von ff' auf ff' errichtet ist die kleine Axe und der Punkt m der Mittelpunkt. Radiusvector ist die Verbindungslinie eines Punktes der Ellipse mit einem Brennpunkt; mf = mf' die lineare und $\frac{mf'}{fh'} = \cos h'fm$ die numerische Excentricität. Kennt man

die numerische Excentricität, sowie einen einzigen Radiusvector seiner Grösse und Lage nach, so kann man die grosse Axe berechnen. Ist aber der Wert für die grosse Axe einer Ellipse, z. B. der Erdellipse gefunden, so lässt sich für jede beliebige Zeit die Entfernung der Sonne von der Erde leicht herleiten und noch mehr, man kennt mit einem Schlage die Entfernung der sämtlichen übrigen Planeten von der Sonne. Nach dem dritten Kepler'schen Gesetze verhalten sich nämlich die Quadrate der (siderischen) Umlaufszeiten der Planeteh wie die Cuben der grossen Axen ihrer Bahnen. Die Umlaufszeiten der einzelnen Planeten lassen sich aber sehr genau bestimmen.

Für die 3 der Sonne am nächsten liegenden Planeten sind dieselben beispielsweise:

Merkur : 87 Tage 23 Stunden 15' 46"
Venus : 224 „ 16 „ 41' 25"
Erde : 365 „ 6 „ 9' 10",7496.

Setzt man nun voraus, dass die halbe grosse Axe a der Erdbahn bekannt ist und sind etwa t und T die Umlaufszeiten der Erde und des Juppiter und x die halbe grosse Axe der Juppiterbahn, so verhält sich:

$$t^2 : T^2 = a^3 : x^3 \text{ oder es ist } x = a\sqrt[3]{\frac{T^2}{t^2}}.$$

Aus dem Vorstehenden ersieht man, dass die Bestimmung der grossen Axe der Erdbahn zu den wichtigsten Problemen der Astronomie gehört und es ist deshalb ganz erklärlich, dass die Astronomen seit Jahrhunderten auf Mittel und Wege sannen, diese grosse Axe möglichst genau zu bestimmen.

Wie findet man nun überhaupt die Entfernung eines Gestirns von unserer Erde? Der Kreis o stelle uns den Meridian des Ortes b auf der als sphärisch gedachten Erde dar, welcher den Aequator in den Punkten a und a' schneidet. P und P' seien der Nord- resp. Südpol. In S befinde sich ein Stern. Ein Beobachter im Mittelpunkte der Erde würde das Gestirn in der Richtung oS sehen, während im Punkte b das Gestirn in der Richtung bS erblickt wird. Ist nun Ze das Zenith des Ortes b, so ist der Winkel ZeoS = Z die wahre vom Mittelpunkte der Erde gesehene Zenithdistanz des Sternes S; dagegen Winkel ZebS = Z' die scheinbare vom Orte b aus beobachtete Zenithdistanz Z'. Da nun Winkel Z' = Z + bSo, so ist bSo = Z'—Z; diese Differenz der scheinbaren und wahren Zenithdistanz nennt man in der Astronomie Parallaxe (Verschiebung) des Gestirns. Die Parallaxe eines Gestirns für einen bestimmten Ort der Erde ist also der Winkel, unter welchem der Erdradius des Ortes vom Sterne aus gesehen wird. Kennt man die Parallaxe und die scheinbare Zenithdistanz, so lässt sich leicht die Strecke oS, d. i. die Entfernung des Sterns vom Erdmittelpunkte berechnen [1]).

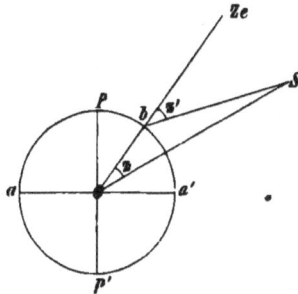

Fig. 2.

---

1) Nennt man die Parallaxe p', den Erdradius ρ und die Entfernung oS Δ, so ist nach dem Sinussatze :

$$\rho : \Delta = \sin p' : \sin Z' \text{ oder } \Delta = \rho \frac{\sin Z'}{\sin p'}.$$

Um die Parallaxe eines der Erde verhältnissmässig nahen Gestirns, etwa eines Planeten zu bestimmen, hat schon Hipparch eine Methode angegeben, welche im allgemeinen auch noch heutzutage in Anwendung kommt. Wir beschränken uns in unserer Darstellung der Einfachheit wegen auf den Fall, dass wir die Erde als Kugel betrachten, bemerken aber, dass zur Erzielung genauer Resultate die Erde als Sphäroid in Rechnung

Fig. 8.

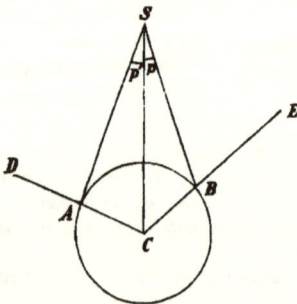

zu ziehen ist. Es seien A und B zwei Orte der Erde auf demselben Meridiane und liege etwa A nördlich, B südlich vom Aequator, so wird ein Beobachter in A die Culmination eines Sternes S unter der Zenithdistanz $DAS = Z'$, dagegen ein anderer Beobachter in B die Culmination desselben Sternes unter der Zenithdistanz $EBS = Z''$ wahrnehmen. Da nun in dem Vierecke ACBS; ACB = $\varphi + \varphi'$, wo φ und φ' die Breiten der betreffenden Beobachtungsorte sind, ferner Winkel CAS=180°$-Z'$; CBS = 180°$-Z''$, so ist Winkel ASB = 360°$-$ (180°$-Z' + 180°-Z'' + \varphi + \varphi') = Z' + Z'' -\varphi-\varphi''$ $= p' + p''= \pi$. Ist dieser Winkel bekannt, so kann man für jeden der beiden Orte die Parallaxe berechnen [1]).

Nach dieser Methode sind die Parallaxen des Mondes und der Planeten bestimmt worden, die Ermittelung der Sonnenparallaxe erfordert dagegen wegen ihrer Kleinheit eine viel genauere Methode.

Halley (geb. zu London 1656, gest. 1742) war nun der erste, welcher die Astronomen auf die Wichtigkeit der Vorübergänge der beiden innern Planeten, namentlich der Venus,

Löst man ferner die vorstehende Proportion nach sin p' auf, so ergiebt sich:

$$\sin p' = \frac{\rho}{\Delta} \sin Z',$$

woraus folgt, dass die Parallaxe p' den grössten Wert annimmt, wenn die Zenithdistanz $Z' = 90°$ wird, d. h. wenn das Gestirn im Horizonte steht; es ist nämlich in diesem Falle: $\sin p = \frac{\rho}{\Delta}$ und dieser Maximalwert von p', p heisst die Horizontalparallaxe und im Gegensatz zu p p' Höhenparallaxe; ist p bekannt, so findet man p' durch Rechnung. Die Erde ist nun in Wirklichkeit keine Kugel, sondern ein Rotationssphäroid, es wird folglich die Horizontalparallaxe am Aequator am grössten sein; nennt man den Radius des Aequators α, so heisst der sich aus $\sin p = \frac{\alpha}{\Delta}$ ergebende Wert von p die Horizontal-Aequatorial-Parallaxe.

1) Es ist nämlich: $\sin p' = \frac{\rho}{\Delta} \sin Z'$; $\sin p'' = \frac{\rho}{\Delta} \sin Z''$. Da nun $\frac{\rho}{\Delta} = \sin p$ und $p' + p'' = \pi =$ dem gegebenen Winkel ist, so ist $\sin p' = \sin p \sin Z'$ und $\sin p'' = \sin (\pi - p') = \sin p \sin Z''$. Die letzte Gleichung giebt entwickelt: $\sin \pi \cos p' - \cos \pi \sin p' = \sin p \sin Z''$. Dividirt man diese Gleichung durch die erstere, so erhält man: $\sin \pi \cot g\, p' - \cos \pi = \frac{\sin Z''}{\sin Z'}$ oder: $\cot g\, p' = \frac{\sin Z''}{\sin Z' \sin \pi} + \cot g\, \pi$ oder: $\cot g\, p' = \frac{\sin Z'' + \cos \pi \sin Z'}{\sin Z' \sin \pi}$; man hat also den Werth für die Höhenparallaxe des Ortes A gefunden; mithin ist auch leicht die Horizontalparallaxe zu berechnen.

vor der Sonnenscheibe aufmerksam machte, indem er zeigte, dass gerade die Venusdurchgänge sich zu einer genauen Bestimmung der Sonnenparallaxe eignen.

Bevor wir die Halley'sche Methode, die Sonnenparallaxe zu bestimmen, besprechen können, müssen wir zunächst einen kurzen Blick auf die Bewegungen der Planeten und auf die daraus folgenden Erscheinungen werfen.

Im Centrum des Planetensystems steht die Sonne; um diese bewegen sich in Ellipsen die Planeten : Merkur, Venus, Erde, Mars, Juppiter, Saturn, Uranus, Neptun und ausserdem zwischen Mars und Juppiter die zahlreichen kleineren, unter dem Namen Asteroïden bekannten Planeten. Die Bahnen des Merkur und der Venus werden von der Erdbahn umschlossen, weshalb man Merkur und Venus innere im Gegensatz zu den übrigen Planeten nennt, welche äussere heissen. Verfolgen wir nun die Venus in ihrer Bahn, so ist klar, dass es einen Zeitmoment geben muss, in welchem Erde, Sonne, Venus eine solche Stellung haben, dass Venus hinter der Sonne, von der Erde aus gesehen, steht. Diese Stellung der Venus zur Erde heisst die obere Konjunction der Venus ; wenn dagegen die drei Weltkörper in der Ordnung Erde, Venus, Sonne hintereinander stehen, so dass also Venus sich zwischen Erde und Sonne befindet, so ist Venus in unterer Konjunction. Dasselbe gilt natürlich auch vom Planeten Merkur. Würde der scheinbare Durchmesser der Venus gleich dem des Mondes sein und würden sich Venus und Erde in derselben Ebene um die Sonne bewegen, so träte bei jeder untern Konjunction der Venus eine Sonnenfinsternis ein. In Wirklichkeit ist aber der scheinbare Durchmesser der Venus bedeutend geringer als der des Mondes und ferner die Venusbahn gegen die Erdbahn unter einem Winkel von 3^0 $23'$ $31'',4$ geneigt mit einer jährlichen Zunahme von $0'',072$; die Venusbahn schneidet also die Erdbahn in einer Linie, welche man Knotenlinie und deren Endpunkte auf der Venusbahn Knoten nennt. In Folge dieser beiden Umstände kann Venus nur als kleiner dunkler Punkt vor der Sonnenscheibe vorübergehen, wenn sie sich zur Zeit der untern Konjunction in einem ihrer Knoten oder in der unmittelbaren Nähe derselben befindet. In allen andern Stellungen wird die Venus zur Zeit der untern Konjunction über oder unter der Sonne vorüberwandeln. Der aufsteigende Knoten der Venusbahn, d. i. der Punkt, von welchem aus die Venusbahn sich über die Erdbahn erhebt, hat eine Länge von 75^0 $11'$ $39'',8$ mit einer jährlichen Zunahme von $+29'',72$; der absteigende Knoten liegt in Länge um 180^0 entfernt. Dieselben Längen erreicht die Erde am 5. Juni und am 7. Dezember, so dass also Venusdurchgänge, wenn Venus ganz genau zur Zeit der untern Konjunction in einem Knoten stände, nur um diese Zeit beobachtet werden könnten. Da aber der scheinbare Durchmesser der Sonne bedeutend grösser, als der der Venus ist, so kann schon ein Vorübergang der Venus vor der Sonnenscheibe stattfinden, wenn Venus sich in der Nähe der Knoten befindet. Daher fällt die Zeit eines Durchganges auch vielfach unmittelbar vor oder nach dem 5. Juni resp. 7. Dezember.

Aus den bekannten Umlaufszeiten der Erde und der Venus ergibt sich als Resultat einer einfachen Rechnung, dass die Venusdurchgänge periodisch wiederkehren und zwar sind die Perioden der Reihe nach $105^1/_2$, 8, $121^1/_2$ und 8 Jahre. Der nächste Vorübergang nach dem am 6. Dezember 1882 wird stattfinden nach $121^1/_2$ Jahren im

33

Jahre 2004 am 9. Juni, so dass also das zwanzigste Jahrhundert keinen Venusdurchgang zu verzeichnen hat.

Gehen wir jetzt dazu über, in Kürze die Halley'sche Methode der Parallaxenbestimmung der Sonne darzulegen. Sieht man vorläufig von der Kugelgestalt der Venus ab

Fig. 4.

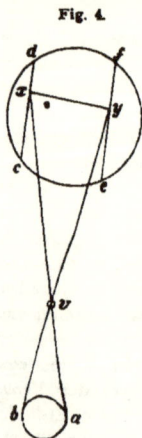

und denkt sich den Planeten als Punkt in V (Fig. 4), so wird ein Beobachter in dem Orte a der Erde die Venus etwa in c eintreten und auf der Sehne cd vor der Sonnenscheibe vorüberwandeln sehen; dagegen erfolgt für einen Beobachter in dem Orte b, welcher dem Orte a diametral gegenüber liegt, der Eintritt in e und der Austritt in f, so dass Venus während der Zeit der Erscheinung die Sehne ef ∥ cd durchlaufen hat. Wenn man nun im Stande ist, den Abstand xy der beiden Sehnen, ausgedrückt als Bruchteil des scheinbaren Durchmessers der Sonnenscheibe zu bestimmen, so lässt sich auch die Sonnenparallaxe mit grosser Genauigkeit finden. Aus der Aehnlichkeit der Dreiecke xyv und abv folgt aber die Proportion:

$$xy : ab = xv : av \quad \text{oder} \quad xy = \frac{xv}{av} \, ab.$$

Der Abstand xy ist also in dem Verhältnisse $\frac{xv}{av}$ grösser, als der Durchmesser der Erde ab von der Sonne aus gesehen, d. h. als die doppelte Parallaxe. Aus den Planetentafeln ist nun das Verhältnis $\frac{xv}{av}$ ganz genau zu bestimmen, denn unter der Rubrik Log. Rad. vector findet man bei jedem Planeten den Logarithmus des Radius vector ausgedrückt in Bruchteilen der halben grossen Erdaxe als Einheit von 10 zu 10 Tagen zusammengestellt, so ist beispielsweise für Venus:

für Dezember 4 : log rad. vector ♀ = 0,857797 −1

" " 14 : " " " " = 0,857153 −1

und für die Erde: " " 4 : " " " ☿ = 0,993553 −1

" " 14 : " " " " = 0,993049 − 1.

Durch Interpolation kann man auch den Wert der betreffenden Logarithmen für den 6. Dezember berechnen, indem man in der allgemeinen Newton'schen Interpolationsformel $n = \frac{1}{5}$ setzt. Nimmt man die numeri der gefundenen Logarithmen, so ist das Verhältnis $\frac{xv}{ax}$ bekannt, etwa $= \frac{m}{n}$; es findet also die Proportion statt:

xv : ax = m : n oder auch

xv : ax − xv = m : m−n oder

xv : av = m : m−n.

Das Verhältnis m : m − n ist nun bei Venusdurchgängen nahezu gleich 2,6 und wir haben daher die Gleichung xy = 2,6 . a b oder da die scheinbare Grösse von a b von der Sonne

aus gesehen, gleich der doppelten Sonnenparallaxe p_1 ist, so ergibt sich: $xy = 5,2 . p_1$
oder $p_1 = \dfrac{xy}{5,2}$.

Aus dieser Gleichung geht hervor, dass, wenn die Berechnung des Bogens xy bis auf einen kleinen Fehler genau ist, die Sonnenparallaxe nur den fünften Teil des Fehlers aufweist.

Wie bestimmt man nun die Grösse des Abstandes xy? Aus den Planetentafeln lässt sich die Geschwindigkeit der Venus in den einzelnen Punkten ihrer Bahn berechnen, d. h. die Anzahl der durchlaufenen Bogensecunden in der Zeiteinheit; nehmen wir der Einfachheit wegen an, Venus bewege sich auf beiden Sehnen mit gleichförmiger Bogengeschwindigkeit c in der Secunde, und habe um die beiden Sehnen cd und ef zu durchlaufen die Zeit t_1 resp. t_2 nötig, so ist $cd = ct_1$ und $ef = ct_2$ ausgedrückt in Bogensecunden; da man nun den scheinbaren Durchmesser der Sonne, d. i. den Winkel kennt, unter welchem die Sonne vom Erdmittelpunkte aus gesehen erscheint, so kann man auch cd und ef in Bruchteilen des scheinbaren Durchmessers ausdrücken, folglich auch den Abstand xy[1]).

Man sieht, dass die genaue Beobachtung der Zeit vom Eintritte bis zum Austritte der Venus aus der Sonnenscheibe, zur Parallaxenbestimmung genügt, eine Beobachtung, welche mit Hülfe der sehr genau construirten astronomischen Uhren auf das schärfste angestellt werden kann.

Im Vorstehenden ist der Einfachheit wegen die Kreisgestalt der Venus vernachlässigt worden. Sehen wir jetzt aber von der angenommenen punctuellen Gestalt der Venus ab und nehmen den Planeten als Scheibe, so beginnt der Vorübergang, wenn beide Scheiben sich zum ersten Male, und endigt, wenn sie sich zum zweiten Male von aussen berühren. Die Zeitmomente dieser Berührungen, sowie auch noch der Erzielung genauerer Resultate halber die der beiden innern Berührungen, werden scharf beobachtet.

Es würde zu weit führen, wenn noch in vorliegender Abhandlung näher eingegangen würde auf die Methode, mit Hülfe von Photoheliographen genau die Zeitmomente des Ein- und Austrittes zu fixieren, sowie namentlich auf die von P. Secchi vorgeschlagene Methode, das Herannahen der Venus mit Hülfe des Spektroskops zu beobachten; es sei nur bemerkt, dass man sich in der Neuzeit nicht allein darauf beschränkt, die vier oben näher bezeichneten Kontakte zu beobachten, weil ja sehr leicht die Beobachtung durch kleine Zufälle gestört werden kann; vielmehr verfolgt man den Planeten auf seiner ganzen Bahn vor der Sonnenscheibe, indem man in jedem klaren Momente eine möglichst

---

1) Sei der scheinbare Durchmesser der Sonne gleich r, die Längen der Sehnen ausgedrückt durch r seien a und b, so folgt, $r^2 = \dfrac{a^2}{4} + d^2$ und $r^2 = \dfrac{b^2}{4} + d'^2$, wo d und d' die Entfernungen der Sehne vom Sonnenmittelpunkte sind; durch Auflösung der beiden Gleichungen nach d und d' ergiebt sich:

$$d = \sqrt{r^2 - \frac{a^2}{4}} \quad \text{und} \quad d' = \sqrt{r^2 - \frac{b^2}{4}} \quad \text{oder}: \quad d + d' = xy = \sqrt{r^2 - \frac{a^2}{4}} + \sqrt{r^2 - \frac{b^2}{4}},$$

xy ist also ausgedrückt in Bogensecunden, wenn man für r, a, b ihre Werte in Bogensecunden einsetzt.

genaue Phothographie von ihm herstellt. Die einzelnen Bilder werden nachher mit den feinsten mikroskopischen Messinstrumenten untersucht und aus der grossen Anzahl der abgemessenen Photographieen die Daten für die Berechnung mit grosser Genauigkeit zusammengestellt. Dass die Dauer der Erscheinung des Vorüberganges an den einzelnen Orten der Erdoberfläche verschieden ist, liesse sich leicht mit Hülfe einer Figur darlegen, indes wollen wir des beschränkten Raumes wegen auf diesen Punkt nicht eingehen.

In der Figur 4 war angenommen worden, dass die beiden Beobachtungsorte sich diametral gegenüberliegen; diese Bedingung ist jedoch für die Berechnung nicht notwendig, vielmehr ist es am vortheilhaftesten, wenn auf der Erdoberfläche möglichst viele Beobachtungsstellen errichtet werden. Aus allen Beobachtungen kann man sich dann für die Berechnung die passendsten Combinationen heraus wählen.

Zum Schlusse mögen hier noch die wichtigsten Daten über den am 6. Dez. 1882 erfolgenden Vorübergang zusammengestellt werden.

Nach der zuerst von Encke im astronomischen Jahrbuche für 1842 vorgeschlagenen Methode wird zunächst die Erscheinung für den Mittelpunkt der Erde bestimmt und dann hieraus dieselbe für jeden Ort der Erde hergeleitet. So erfolgt der Berechnung zufolge nach dem astronomischen Jahrbuche vom Mittelpunkt der Erde aus gesehen:

der Eintritt, äussere Berührung 2^h 48^m 41^s
,, ,, innere ,, 3^h 8^m 59^s
die Mitte bei kleinstem südl. Abstand (10' 41'',1) 5^h 57^m 43^s
der Austritt, innere Berührung 8^h 46^m 28^s
,, ,, äussere ,, 9^h 6^m 45^s

mittlerer Berliner Zeit.

Die Erscheinung ist hiernach sichtbar in Europa, Afrika und Amerika und zwar in ihrem ganzen Verlaufe nur in Südamerika und dem östlichen Theile Nordamerikas.

Fig 5.

Der Eintritt erfolgt 145° östlich,
,, Austritt ,, 114° westlich
vom nördlichsten Punkte der Sonnenscheibe für den Anblick mit blossem Auge.

Um die Berechnung für Crefeld durchzuführen, ist die geographische Breite 51° 18' 27'',1 und die geographische Länge 6° 57' 25'' = 27^m 49^s in Zeit westlich von Berlin angenommen worden; und zwar ist diese Breite und Länge aus gegebenen Daten, welche aber kein ganz genaues Resultat liefern konnten, für die Spitze des alten evangelischen Kirchthurms berechnet worden. Aus dieser geographischen Breite wurde dann die geocentrische Breite hergeleitet, so dass der Berechnung zufolge für Crefeld die Erscheinung stattfindet:

Eintritt, äussere Berührung 2^h 25^m
,, innere ,, 2^h 45^m 36^s
Austritt, innere ,, 8^h 12^m 56^s
,, äussere ,, 8^h 33^m 56^s

mittlerer Crefelder Zeit.

Die Dauer der ganzen Erscheinung ist also für Crefeld 6^h 8^m 56^s, jedoch wird nur der Anfang zu beobachten sein, indem am 6. Dez. die Sonne bereits um 9^h 45^m untergeht.

Zur Beobachtung der Erscheinung wird das Deutsche Reich 4 Expeditionen aussenden, zwei nach Südamerika und zwar nach Bahia Blanca in Argentinien und nach Punta-Arenas in der Magellanstrasse und zwei nach Nordamerika, nämlich nach Aiden in Süd-Carolina und Hartford in Connecticut. Auch die übrigen Staaten, wie England, Frankreich, Russland, werden zahlreiche Expeditionen nach den verschiedenen Beobachtungsorten schicken, so dass zu erwarten ist, dass der Vorübergang am 6. Dez. in der reichlichsten Weise für die Wissenschaft Material liefern wird.

Das Mittel für die Sonnenparallaxe beträgt nach den letzten Bestimmungen 8″,848; ein Resultat, welches wol ziemlich sicher durch die Beobachtungen am 6. Dez. 1882 bestätigt werden wird; indem man auch mit Hülfe von andern Methoden, z. B. namentlich durch die neuesten Bestimmungen der Geschwindigkeit des Lichtes und der Zeit, welche das Licht gebraucht, um den Weg von der Sonne bis zur Erde zu durchlaufen, fast genau denselben Wert erhalten hat. Der Parallaxe 8″,848 entspricht eine mittlere Entfernung der Sonne von der Erde von 20035140 geographischen Meilen, ein Resultat, welches man leicht aus der früher angeführten Formel: $\sin p = \frac{\rho}{\Delta}$ findet.

C. Roesen,
ordentlicher Lehrer.

Das Verhältnis der italienischen Version der Reisebeschreibung Mandeville's zur französischen.

———

Die angeblich von dem englischen Ritter Sir John Mandeville aus St. Albans nach einer langjährigen Orientreise im Jahre 1356 verfasste Reisebeschreibung hat unstreitig bei dem nach orientalischen Sagen und Wundergeschichten begierigen Lesepublikum des 14. und 15. Jahrhunderts sich der allergrössten Beliebtheit erfreut. Das beweist die Thatsache, dass es frühzeitig in alle modernen Cultursprachen Europas und ausserdem ins Lateinische übersetzt worden ist [1]; das beweist ferner die grosse Zahl der Handschriften [2]. Die Hauptversionen dieses merkwürdigen Buches sind die französische, lateinische, englische, italienische, deutsche und niederländische, welche sämtlich ziemlich gleichzeitig entstanden sind. Der gänzliche Mangel einer kritischen, auf Sichtung des handschriftlichen Materials beruhenden Ausgabe in irgend einer der genannten Sprachen, der unverdiente Wert, den man dem fehlerhaften Abdruck éiner mittelmässigen englischen Handschrift, der einzigen Ausgabe Mandeville's aus moderner Zeit [3] (ausser der dänischen), beigelegt hat, hat über unseren Schriftsteller, einen der Hauptprosaiker des 14. Jahrhunderts, in fast allen einschlägigen Litteraturgeschichten [4] merkwürdig unrichtige Ansichten aufkommen lassen. Eine derselben, die sich vornehmlich auf jene Stelle des (nach Cott. Tit. C.XVI) gedruckten englischen Textes gründet, ist die, dass Mandeville sein Werk zuerst lateinisch verfasst, dieses dann selbst ins Französische und Englische übersetzt habe. Damit noch nicht zufrieden, lässt ihn Gervinus (Gesch. der poet. National-Lit. der Deutschen Th. II, S. 239) in französischer, englischer und

---

1) Vgl. Titus Tobler, Bibliographia Geographica Palaestinae, Leipzig 1867, p. 36 ff. Es gibt u. a. auch eine dänische, welche eben von M. Lorenzen herausgegeben worden ist in: „Samfundet til udgivelse af gammel nordisk litteratur", Kopenhagen 1882.

2) Es gibt deren mehr als 50, von denen sich die meisten in England, 25 (lat., franz., engl., deutsche) allein im British Museum, und in der National-Bibliothek zu Paris (10 franz., 1 deutsche) befinden.

3) The Voiage and Travaile of Sir John Mandeville, published from a Manuscript in the Cottonian Library, Titus C.XVI, London 1725. Diese Ausgabe ist mehrmals neu aufgelegt worden, zuletzt 1866. Letzterer Abdruck geht unter dem Namen J. O. Halliwell's, der die „Introduction, additional notes and glossary" hinzugefügt hat, in Bezug auf den Text aber weise seine Hände in Unschuld wäscht.

4) Sogar bei Titus Tobler a. a. O. p. 38.

italienischer Sprache geschrieben haben [1]). Möglich wäre es allerdings, dass der englische Ritter seinen Reisebericht in der lateinischen Sprache, der Sprache der Gelehrten, und in der französischen, der am meisten verbreiteten, und in der englischen, seiner Muttersprache, und in der italienischen Sprache, deren er sich jedenfalls auf italienischen Schiffen und im Verkehr mit italienischen Kaufleuten bediente, geschrieben babe.

Der erste nun, der jene Angabe des englischen Ms. Cott. Tit. XVI, als sei das lateinische das Originalwerk und das französische und englische eine von Mandeville selbst herrührende Uebersetzung, mit Erfolg angefochten hat, ist Dr. Carl Schönborn, in einer kleinen Festschrift des Gymnasiums zu St. M. Magdal. in Breslau: „Bibliograph. Untersuch. über die Reisebeschreib. des Sir John Mandeville", Breslau 1840. Er hat klar bewiesen, dass wenigstens die gedruckte lateinische Bearbeitung, die ihm vorlag, — es gibt aber ungedruckte, die Schönborn nicht bekannt waren — nicht von dem Verfasser des Französischen und Englischen herrühren könne. Sodann hat Maetzner, Altengl. Sprachpr., Abth. II, p. 154—5, durch Hinweisung auf einige wenige, aber charakteristische Fehler der englischen Uebersetzung es wenigstens wahrscheinlich gemacht, dass diese einen anderen als Mandeville zum Verfasser habe. Oeffentlich beigetreten ist Maetzner's Ansicht, soweit mir bekannt, nur E. A. Nicholson (der neue Bibliothekar der Bodl. in Oxford) in einem Briefe an die *Academy*, Nov. 11., 1876. Der letztere Gelehrte fügt zu dem von Maetzner angeführten Grunde noch einen hinzu, der mir jedoch nicht so beweiskräftig zu sein scheint, als jener ihn darstellt. Er weist nämlich auf die Thatsache hin, dass es ausser der aus Cott. Tit. XVI bekannten englischen Version noch eine zweite, durch Egerton 1982 (Ms. des Brit. Mus.) repräsentirte gebe. Es kommt eben auf das Verhältnis der letzteren zur ersten an, und wenn man dieses untersucht, erweist sich jene (Eg. 1982) als eine jüngere Ueberarbeitung der ersteren, nicht als eine gleichzeitige, von dieser unabhängige, zweite Uebersetzung.

Durch völlig befriedigende Argumente ist aber bis jetzt das Verhältnis von französischer Bearbeitung einerseits, lateinischer und englischer anderseits, noch nicht klargestellt. In welcher Beziehung die italienische zur französischen stehe, das ist, so viel mir bekannt, überhaupt noch nicht erörtert worden.

Geleitet von dem Plane, mir nach und nach das Rüstzeug zu einer kritischen Ausgabe des französischen und englischen Textes zu verschaffen, betrachtete ich es als meine erste Aufgabe, durch eingehende Musterung des überreichen handschriftlichen Materials, zunächst die Manuscripte zu classificiren, das Originalwerk mit zweifelloser Sicherheit ausfindig zu machen und manche andere dunkle Punkte, die Mandeville's Person und Werk umgeben, wo möglich aufzuhellen. Aus der Reihe dieser Preliminarfragen, die gelöst werden müssen, bevor an eine kritische Ausgabe gedacht werden kann, und die Verfasser zum Gegenstand einer in wenigen Monaten (in Vollmöller's „Roman-Forschungen") erscheinenden Spezialarbeit gemacht hat, soll hier nur die italienische Version in ihrem Verhältnis zur französischen kurz dargelegt werden.

Als Quelle für den italienischen Text habe ich eine Handschrift des Lord Ashburnham

---

[1] Die deutsche und niederländische Uebersetzung hat natürlich niemand Mand. selbst zuzuschreiben gewagt.

benutzt, welche mit anderen Mss. mir von diesem in nicht genug anzuerkennender Liberalität zur Verfügung gestellt worden ist. Im Mss.-Katalog [1]) der Bibliothek zu Ashburnham Place ist sie beschrieben unter *Libri* 1699: „Manuscrit sur papier, in-folio, du XIVe siècle". Auf der Rückseite als Titel: *Giohanne da Madavilla-Viaggio. Ms. XIV secolo.* Die Datirung beruht auf einem Irrtum. Palaeographisch gehört die Hs. ins 15. Jahrhundert und zwar liegt sie näher der Mitte als dem Anfang desselben [2]). Ich bezeichne dieses Ms. im folgenden mit MIA (Ms. Ital. Ashb.). Ferner habe ich verglichen die ital. editio princeps und zwar das Fxemplar, welches sich in jener wertvollen, im Brit. Museum aufbewahrten Bibliothek befindet, die nach dem Schenker *Bibliotheca Grenvilliana* benannt ist. Genanntes Buch trägt die Nummer 6702. Titel, Datum und Druckort: Explicit Iohannes de Mandevilla impressus Mediolani ductu et auspiciis Magistri Petri de corneno pridie calendas augusti. MCCCLXXX. Ich bezeichne diese Ausgabe mit EI1 (Edit. ital. 1). Ausser dieser Ausgabe haben mir noch andere zur Verfügung gestanden, die sich ebenfalls in der Bibl. Grenvill. befinden, die von Bologna 1488 (Nr. 6703), Venetia 1491 (Nr. 6704), Firenze 1482 (Nr. 6705), Bologna 1492 (Nr. 6708) etc. In Bezug auf diese habe ich mich vergewissert, dass sie wenig oder gar nicht von EI1 abweichen, und es wird deshalb im folgenden solches nicht immer durch Citiren ausdrücklich bestätigt werden. Für den französischen Text war ich natürlich ebenfalls auf die Hss. angewiesen.

Unsere Aufgabe ist nun eine doppelte; es muss untersucht werden, 1. ob, wie behauptet worden, die italienische Version ein Originalwerk, oder ob sie eine Uebersetzung sei, und, wenn das letztere der Fall ist, ob sie von Mandeville selbst herrühre; 2. welchen Wert das italienische Werk, falls es eine Uebertragung ist, für die Textkritik habe, d. h. wo sich das von dem Italiener als Vorlage benutzte französische Manuscript an den Stammbaum der Mss. anreihe.

Sehen wir uns nach directen Zeugnissen um, so sprechen diese scheinbar für die Abfassung in italienischer Sprache durch Mandeville selbst. Um diese Zeugnisse aber richtig zu charakterisiren, müssen wir zunächst auf die oben erwähnte Stelle des englischen Ms. Cott. Tit. XVI eingehen. Diese heisst: And ze schulle undirstonde, that *I have put this boke out of latyn into frensche and translated it azen out of frensche into inglyssche,* that every man of my nacioun may undirstonde it. Da (wie an anderer Stelle bewiesen werden soll) alle englischen Hss., die sich in zwei Gruppen teilen, auf éine Quelle, die Arbeit éines Uebersetzers zurückgehen, Cott. Tit. XVI nicht ausgeschlossen, und sich die citirte Stelle in keiner andern Hs. findet, so ist sie, wie so manches andere in Cott. Tit. XVI, sicher eine Interpolation des Copisten, der die Bedeutung des Werkes in den Augen seiner Landsleute dadurch heben wollte, dass er dasselbe als eine aus der Feder des Verfassers selbst geflossene Uebertragung in die Muttersprache darstellte. Nach den andern englischen Hss. zu urteilen, lassen der englische Uebersetzer

---

1) Nur privatim in wenigen Exemplaren gedruckt.

2) Das ist auch die Ansicht des Herrn Thompson, des *Keeper of the Mss.* im Brit. Mus., einer Autorität ersten Ranges.

und ein späterer Ueberarbeiter ihr Werk überhaupt nicht als eine Uebersetzung erscheinen. Solches wird zwar nicht ausdrücklich gesagt, sondern dadurch zu verstehen gegeben, dass einer in fremder Sprache geschriebenen Vorlage überhaupt nicht Erwähnung geschieht. Wie der englische Uebersetzer tritt nun auch der italienische in seiner Eigenschaft als Uebersetzer nicht hervor; ja er glaubt sogar ausdrücklich constatiren zu müssen, dass das Werk von Mandeville italienisch geschrieben sei. Die Stelle lautet in MIA: haveria scripto questo libretto in latine per dividere piu brevimente, ma perche piu persone intendono meglio *el vulgare* cha el latino, *Jo* (Mandev. selbst spricht) *lo ho talmente composto* azoche signori et cavalleri et altri gentile homini lo intenda liquali non sanno latino. Dasselbe sagen die alten Editionen, z. B. EI1: E sapia che io havereve posto questo libro in latino per diversi modi piu brevemente; mi perche molti intendeno melio in *vulgare* che in latino, *Jo l'o totalmente in vulgare componuto* acioche ciascaduno lo possa intendere.

Dem gegenüber lässt sich nun aber durch zwingende Gründe auf das eclatanteste nachweisen, dass das italienische Werk eine Uebersetzung des französischen ist, und zwar eine solche, die unmöglich auf den Verfasser des letzteren selbst zurückgehen kann. Eine entgegenstehende Ansicht wird schon durch den Umstand erheblich erschüttert, dass die französischen Hss. bei weitem die ältesten sind. Die älteste französische Hs., die mir zu Gesicht gekommen ist, die abgesehen von einer ziemlich bedeutenden Zahl von leicht zu corrigirenden Schreibfehlern, im Ganzen einen ziemlich zuverlässigen Text liefert, ist der (von mir abgeschriebene) Codex *Libri* XXIV, was äussere Ausstattung und Erhaltung betrifft, eine Perle der Bibliothek des Lord Ashburnham, geschrieben im Jahre 1371, also 15 Jahre nach Abfassung des Werkes [1]). Ziemlich gleichen Alters, jedenfalls vor 1400 geschrieben, sind: ein Arsenal-Ms., Nr. 3219; von den in der Bibliothèque Nat. befindlichen: Ms. F. franç. Nr. 24436 (datirt 1396) und Nr. 5637. Von den im Brit. Mus. aufbewahrten sind um 1400 geschrieben: Bibl. Reg. 20 A1, Harl. 212, Bibl. Reg. 20 B X und Harl. 4383. Italienische Mandeville-Codices aus dem 14. Jahrhundert gibt es aber nicht. MIA ist, wie oben schon erwähnt, etwa in die Mitte des 15. Jahrhunderts zu zetzen.

Entscheidend wird aber der Beweis, wenn man den italienischen Text verbotenus mit dem französischen vergleicht. Dass, abgesehen von den häufigen Kürzungen und Zusammenziehungen, die das italienische Ms. und noch viel mehr die gedruckten Ausgaben dem Französischen gegenüber aufweisen, die Uebereinstimmung des Wortlautes eine vollständige und durchgängige ist, wird auch bei einem oberflächlichen Durchlesen klar. Als Uebersetzer, und zwar als ziemlich gedankenlosen Uebersetzer verrät sich aber der Italiener durch gewisse Schnitzer, die nur bei Uebertragung einer französischen Vorlage entstehen konnten.

---

1) Schlussbemerkung des Copisten: ce livre cy fist escrire l'onnorables homs sages et discret, maistre Gervaise crestien, maistre en medicine et premier phisicien de tres puissant noble et excellent prince Charles par la grace de dieu Roy de france. Escript par Raoul d'orliens, l'an de grace Mil. CCC.LXXI le XVIIIe jour de septembre.

Französisch *libie, l'ibie* (= Libyen) ist wiedergegeben in MIA durch *la Ibia,* welchen Fehler die alten Editoren allerdings corrigirt haben in *libia* oder *Lybia.* — Dem sonderbaren *de Olandria* in MIA entspricht in den französischen Hss. *de yrlande* oder *dirlande* = von Irland. EI1, EI2 etc. haben sogar daraus gemacht *da Londra* = von London. — Von *Niflan* (d. i. Livland; dieselbe Form in den franz. Mss.) heisst es im Italienischen, dass es grenze an *persia: E confina cum persia; persia* kann nur verlesen sein aus *pruce* (MIA), oder, wie andere französische Hss. haben *Prusse* = Preussen. — Die Donaustadt *bella grana* in MIA, EI1, EI2 etc. ist durch Missverständnis des französischen *belle grave* (so MFA und andere franz. Hss.) = Belgrad (lat. *Belgravia*) entstanden. — *Visamon* (MIA) = *bizancium* (MFA); andere französische Hss.: *besancon* = *Byzantium.* — *india* hat MIA an einer Stelle, wo nur *iudee* = *Iudaea* einen Sinn gibt und sich im französischen Text findet. — *a ays la chapelle a. VII. lieues du liege* (= *nach Aachen 7 Meilen von Lüttich*) brachte den Italiener sehr in Verlegenheit; er verstand es nicht und schreibt ganz sinnlos: *ala capella de Ras* [1]*) longi de li sette leghe* (MIA). Die Editoren lassen wohlweisslich die Stelle einfach aus. — *poiciors* (MIA) entspricht franz. *poitiers* (Poitier). — *ameus* (MIA), *amiens* (EI1, EI2 etc.) corrumpirt aus franz. *a amiens* (in Amiens). Der Italiener dachte sich wohl *a miens,* als gäbe es eine Stadt *Miens.* — Bei Beschreibung der Dornenkrönung Christi sagt MIA, dass die Krone geflochten worden sei aus den *branche de uno arbore spiroso* che cresceva nel giardino; EI1, EI2 etc.: .. de bianche de *uno arboro spinoxo.* Der französische Text liest: li firent (les iuys) une couronne de branches d'une *albe espine* (= aubépine, Weissdorn), qui cressoit ou iardin (MFA). Der Fehler entstand im Italienischen dadurch, dass *albe* verlesen wurde als *arbre.* Und merkwürdig genug, einige Zeilen weiter kommt das Wort *albespine* wieder vor, und dort ist es richtig ins Italienische übersetzt durch *biancha spina* (heute *biancospino*). — Um die Höhe des Olymp zu veranschaulichen, heisst es nach MIA und den Editionen, dass er bis „in die reine Luft" hineinrage, wo sich nicht rege *vento ne altra cosa.* Durch die französischen Hss. wird als sichere Lesart constituirt *ne vent ne aure; aure,* Latinismus (*aura,* Lüftchen), nahm der Uebersetzer für *autre* und ergänzte *chose.* — Bei Gelegenheit der Erwähnung der Stadt Gaza wird der alttestamentlichen Geschichte von Samson's Tod gedacht: Et dapoi occise (sc. Samson) simedesimo nel pallazo *del Re* inseme cum multi migliara de philistei (MIA); se amazo si istesso nel palazio *del re* insema con molte miliara da filistei (EI1, EI2 etc.). In französischen Hss: Et puis occist ou palais *le Roy et li* mesmes et moult de milliers de philistiens, d. h., in Uebereinstimmung mit dem biblischen Berichte: er tötete im Palast den König und... Der Accusativ *le Roy* wurde hier für jenen alten Genetiv gehalten, wie er ja in solchen Verbindungen sonst häufig ist. — Von der Stadt *Trebisonda* (Trapezunt) heisst es in MIA und in den alten Drucken, dass sie genannt zu werden pflegte *el porto dei porti.* Sehen wir uns den französischen Text an: trapesonde qui est une bonne cite et souloit estre appelee le port *de pons* (MFA u. and.), so ist klar, dass die italienische Lesart durch Missverständnis von *port de pons,* d. i. Hafen des Pontus (Euxinus), als *port de pors* entstanden ist.

1) Das *a* in *Ras* ist undeutlich; vielleicht zu lesen *Reis.*

Die angeführten Stellen, denen ich noch eine Menge ähnlicher hinzufügen könnte, falls der Raum es gestattete, dürften einen genügenden Beweis dafür liefern, dass die italienische Version Mandeville's eine Uebersetzung und zwar eine gewiss nicht von diesem selbst herrührende Uebersetzung einer französischen Vorlage ist.

Um aber den Wert dieser Uebersetzung für den Aufbau einer kritischen Ausgabe zu bestimmen, müssen wir die Stellung ihres verloren gegangenen französischen Originals zu dem handschriftlichen Apparat genauer darlegen. Dazu wäre es eigentlich nötig, zuerst die Familienverhältnisse der französischen Mss. auseinander zu setzen, was aber für die demnächst erscheinende grössere Abhandlung verspart werden muss. Hier genüge es, zu constatiren, dass aus der Reihe der französischen Codices, MFA mit 2 Hss. der Pariser Nationalbibliothek, Ms. F. fr. Nr. 5637 (aus dem Ende des XIV. Jahrh.; sie ist im folgenden bezeichnet mit MF 5637) und Ms. F. fr. Nr. 6109 (aus dem Anfang des XV. Jahrh., im folgenden bezeichnet mit MF 6109) aufs engste verwandt ist, und dass diese 3 einen der ältesten und wichtigsten Zweige am Stammbaum der Mandeville-Mss. repräsentiren. MFA und MF 5637 sind beide entsprungen aus éiner Vorlage (O2a), MF 6109 aus einer (O2b), die mit jener (O2a) zurückgeht auf dieselbe und wahrscheinlich directe Copie (O1a) des Originals (O). Eine solche Zusammengehörigkeit lässt sich durch ihre Uebereinstimmung in gewissen ganz auffälligen Fehlern zweifellos darthun. In diese Gruppe von 3 Mss. gehört nun auch die, welche dem italienischen Uebersetzer als Vorlage gedient hat. Zeigen wir dies an der Hand von einigen Belegstellen:

Bei der Beschreibung von Aegypten heisst es nach MFA: parleray d'autre matiere qui est par de la babilone oultre le flueve de *nayr*, vers le desert entre affrique et egypte (und nun wird erzählt von den *greniers Joseph*, den Kornspeichern Josephs, denn als solche will Mandeville die Pyramiden aufgefasst wissen). Das offenbar fehlerhafte *nayr* haben noch MF 5637, MF 6109 und MIA (oltra lo fiume de *Nair*), sowie die alten italienischen Editionen. Alle übrigen Hss. haben richtig *nil* für *nayr*.

Dort, wo Mandeville auf den Salomonischen Tempel in Jerusalem zu sprechen kommt, lesen wir in den französischen Hss.: Et a l'entree du temple vers occident *est* la porte specieuse c'on dist la belle porte . . par laquelle passerent saint jehan et saint pierre quant saint pierre . . . fist le contrait aler et issir. Statt *est* haben nun den Schreibfehler *en* MFA, MF 5637, MF 6109. Auch der Italiener fand diesen Fehler in seiner Vorlage, und wie leicht er auch zu corrigiren gewesen wäre, so passt er doch die Satzconstruction diesem mühsam an: A la intrada verso occidente *in* la porta speciosa passando sañ Giohanne et sañ Pero i sañ Pero . . . fece andare lo assidrato MIA. In EI1, EI2 etc. ebenso: *in* la porta speciosa (oder spaciosa) mit derselben Construction.

Eine andere Stelle wo MFA, MF 5637, MF 6109 und MIA mit EI1 etc. fehlerhaftes aufweisen gegen alle übrigen Hss. ist diese: Et dit on en ces parties que les philosophes iadis y monterent sur celles montaignes (Athos und Olympus) et tindrent a leurs *mains* une sponge moilliee en eaue pour avoir air moiste ou autrement il ne peussent alener (MFA); *mains* haben also die 3 genannten Hss. und MIA (in mano); die andern richtig: *a leurs narins* oder *narines* = an ihre Nase.

43

Ferner liest man in MFA: et souloit ceste ylle (de rodes) estre appelee colos, et encore l'appellent *moult de seigneurs* ainsi. So nur noch in MF 5637, MF 6109 und in MIA, EI1, EI2 etc. (*molti signori*). Nach sämmtlichen anderen Mss. aber muss es statt *moult de seigneurs* heissen *les turs*, die Türken.

Ein andermal steht an einer Stelle, wo es sich nach sämmtlichen Hss. um *Alixandre* oder *Alisaundre* (Alexandria in Aegypten) handelt und nur handeln kann, in MFA geschrieben: a la cite *algdore;* genau so nur noch in MF 5637 und in MF 6109. In der Vorlage des Italieners muss es ebenfalls so geheissen haben, denn MIA liest: *a la terra del pendora* (*ṇ* in *pen* aufgelöst). Die Editoren lassen den doch gar zu unverständlichen Passus weg.

Besonders lehrreich ist noch folgender Fall: et court le flueve iourdain parmy (la mer de Galilee ou de Thiberie). La cite (sc. Tiberias) n'est mie moult grande; mais il y a *des bons bains* (gute Bäder). Et la ou le flueve iourdain se part de celle mer de galilee a un grant *pont*, par ou on passe . . . . . Dass die Stelle so im Original gelautet habe, wird durch die Hss. ausser Zweifel gesetzt. Sie wird so übereinstimmend von allen Hss. gegeben. Nur unsere 3 weichen wieder ab. Statt *bonsbains* hat MFA verschrieben *beubans* und statt *pont — port*. Die Copisten von MF 5637 und MF 6109 fanden ebenfalls den Fehler *beubans* in ihrer Vorlage, und der erste hilft sich, indem er schreibt: mais il y a *mlt de biens*, das falsche *port* für *pont* lässt er aber stehen; der zweite: mais il y a *moult de biens et de beubans*, und weiter ebenfalls *port*. Nun ist aber *beubant* (auch *beubance*) ein, wenn auch ziemlich seltenes, altfranzösisches Wort, das Pracht, Luxus bedeutet. In dieser Bedeutung ist es genommen von MF 6109, und so hat es auch der Italiener in seiner Vorlage aufgefasst, denn er übersetzt: La cita non e molto grande, ma li sono molte *magnificentie* (MIA). Die Editionen ebenso: non e tropo granda ma asay magnificentie vi sono. Den weiteren Fehler *port* für *pont* hat aber der Italiener diesmal corrigirt, indem er schreibt *ponte*.

Diese Beispiele, denen sich noch manche dieser Art und auch solche hinzufügen liessen, wo MFA, MF 5637, MF 6109 und italienische Uebersetzung die richtige Lesart bieten gegen alle anderen, werden hinreichend sein, um die Zusammengehörigkeit der Vorlage des italienischen Bearbeiters mit der Gruppe der 3 genannten Hss., ihren gemeinsamen Ursprung aus derselben Quelle (O1a) sicher zu stellen.

Aber innerhalb dieser Gruppe, die, wie oben angedeutet, in 2 Zweige sich teilt: MFA, MF 5637 (aus O2a) — MF 6109 (aus O2b), lässt sich der Punkt, wo die italienische Uebersetzung durch das Medium ihrer französischen Vorlage sich an das Originalwerk anlehnt, noch genauer fixiren. Lassen wir die Thatsachen reden:

Bei Gelegenheit der Schilderung des Berges Sinai wird natürlich viel von der grossen Abtei erzählt, die sich dort befindet: La a une abbaye de moines bien fermee a perches de fer pour la paour des bestes sauvages. *Et sont les moines arrabiens ou grigois.* Et y a grant couvent. . . . So lautet die Stelle zweifellos richtig nach der Ueberlieferung der Hss. Dem Copisten der Vorlage (O2a) von MFA und MF 5637 ist nun hier ein sonderbarer Fehler passirt. Er hatte zunächst das lange *s* von *sont* verlesen als ein f (ſ für ſ), machte aus *arrabiens* ein *grans biens* und *aus* aus *ou*, so dass sich dann folgender Unsinn ergibt: *Et font les moines grans biens aus grigois.* So zu lesen in MFA und MF 5637, während MF 6109 die richtige Lesart bietet. Die Vorlage des italienischen Uebersetzers schloss sich an jene zwei an, denn MIA liest: *et fano li monaci bene a greci.* Den Editoren schien das mit Recht etwas ungereimt und sie änderten demnach: e fano li monaci bene *a peregrini.* Mandeville vergisst nie, die Reliquien aufzuzählen, die sich an irgend einem von ihm besuchten Orte befinden. So zählt er auch diejenigen auf, welche der Prälat („le prelat des moines") des Klosters auf dem Berge Sinai, wo das Grab der hl. Katharina ist, den Pilgern zu zeigen pflegt. Dort heisst es: Et puis il (le prelat) monstre le chief sainte katherine et le drap en quoy elle fu envelopee qui est encore tout senglant et en ce trap porterent les anges envelope son beneoit corps jusques au mont de synay. So lautet der Passus tadellos in allen französischen Hss., mit Ausnahme von MFA. Hier treffen wir eine Lücke an, wie sie uns sonst und gerade in dieser Hs. häufiger begegnen. Dieselbe entstand dadurch, dass der Copist der Vorlage von MFA bei seiner mechanischen Arbeit das erste *envelopee* zu schreiben anfing und durch ein leicht erklärliches Verirren des Auges bei dem zweiten *envelope* fortfuhr, so dass das dazwischen stehende ausfiel. Statt *elle* wird dann noch vom folgenden Schreiber *il* gesetzt, so dass wir in MFA nun lesen: Et puis il monstre le chief sainte Katherine et le drap en quoy *il fut envelopez son beneoit corps* iusques au mont synai. Das Italienische weist nun dieselbe Lücke auf; MIA lässt jedoch das in der Luft schwebende *iusques au mont synai* aus: De poi questo mostrano lo capo de sancta Katelina cum lo panno in lo quale fo involuppato el soe santo corpo. Ebenso die Editionen, und zwar ohne jene Worte *iusques* etc. auszulassen: da poi monstrano il capo dela dicta santa con el sudaro nel quale *fo involupato il suo santo corpo fino al monte sinay.*

Es findet sich ferner in MFA der Schreibfehler *egypte* für *cypre.* Es wird nämlich an einer Stelle bemerkt, man könne bis Tyrus durchfahren, ohne in Cypern, von welcher Insel gerade vorher weitläufig die Rede gewesen ist, halt zu machen. La yroit on bien plus droit a ce port (de tyr) senz entrer en *egypte;* mais on va volentiers en *cgypte* pour soy reposer a terre. — Dass *egypte* aus *cypre* verdorben, beweisen der Zusammenhang und die Lesung aller anderen Hss. ohne Ausnahme. Und wiederum begegnen wir im Italienischen demselben Schnitzer: De la se andaria piu deritto a quello porto senza intrare in *Egipto.* Ma piu volentera se va per *Egipto* per havere riposo . . .

In dem Abschnitt über die Geschichte Aegyptens, wo die Namen der Sultane aufgezählt werden, heisst es übereinstimmend in allen französischen Hss.: Et puis les comains (= die Mameluken) qui estoient comme sers en egypte *sentirent* leur povoir grant et en eslurent un soudan d'eulx. Statt *sentirent* hat nur MFA den unsinnigen aber palaeographisch erklärlichen Fehler: *sienfirent,* und es ist wiederum sehr bezeichnend, diesen merkwürdigen Schnitzer auch im italienischen Texte wiederzufinden: e poi li mamaluchi li quali erano como schiavi in egipto *fecere la sua possanza* et de loro ellessero uno soldano. So auch EI1: . . *fecerono la loro possanza* e ellegerono uno di loro uno soldano.

Ein nicht minder auffälliger Fehler ist ferner in MFA *la riviere dauffrique* für *la riviere d'eufrate,* welch letzteres alle anderen Hss. bieten. Und wiederum im Italienischen dieselbe Nachlässigkeit: *la riviera de affricha* (MIA), *la riva daffricha* (EI1, EI2 etc.).

Von den übrigen Beispielen dieser Gattung, die alle hieher zu stellen überflüssig sein würde, sei zum Schluss nur noch eins erwähnt, das an Beweiskraft nichts zu wünschen übrig lässt. Einen argen Stein des Anstosses bilden bekanntlich für die Copisten die geographischen Namen, und das ist leider auch in der handschriftlichen Ueberlieferung Mandeville's in hohem Grade der Fall gewesen. Da finden wir z. B. die Stadt *Cesarea Philippi*, um die es an der betreffenden Stelle sich handelt, geschrieben: Cesaires le philippon (MF 5637), cesaires le filippon (MF 6109), oder sesaire le phelippon, cesar la philippon, cesair de philipon, cesar, la est philipon; ferner Cesaire philippoun, Cesaree philippen, Cezarie Philippon. Alle diese Namen scheinen verdorben aus Cesarea (ἡ) Φιλίππου; oder *Philippon, Philippen* deutet eine corrumpirte Aussprache von Philippi an. Wie dem auch sein möge, der Schreiber der Vorlage von MFA hat dieses Mal seine originelle Idee gehabt; er schreibt (nach MFA): Et en retournant de ce chastel a. XXX miles est la cite de Dan qui est autrement appelee Selynas ou *Cesaires le filz appon* qui seoit au pie de la montaigne de lyban. Und wie liest man im italienischen Text? . . . ,. e la cita de dan che altramente se chiama Salinas *de qua fo cesari figliolo de Apollo* el qual sedea . . . . (MFA, EI1, EI2 etc.). Wenn aber mit diesem „Caesar, der Sohn des Apollo" der italienische Uebersetzer in der Entwickelung von „*Cesarea Philippi*" das Nonplusultra erreicht hat, so ist klar, dass nur eine französische Vorlage mit der Lesung von MFA ihn zu diesem göttlichen Schnitzer hat verführen können.

Vielleicht möchte jemand aus diesen Fällen einer so überraschenden Uebereinstimmung von MIA mit MFA schliessen, dass letzteres Ms. selbst die Vorlage des Italieners gebildet habe. Allein, das hiesse zu weit gehen, denn eine eingehende Vergleichung des Italienischen mit dem Text von MFA zeigt zu viele Stellen, durch die das Italienische seine Unabhängigkeit von MFA zweifellos bekundet und daher jene Möglichkeit ausschliesst. Die Thatsache wird man aber nach dem Vorhergehenden constatiren können, dass der italienische Text, repräsentirt durch MIA, EI1, EI2 etc., mit einer Reihe höchst auffälliger Fehler, die nur in MFA vorkommen, notwendiger Weise nach einer französischen Vorlage angefertigt ist, die mit MFA in engstem Zusammenhang gestanden, d. h. mit ihr aus éiner Quelle (O3a) geflossen sein muss. Es ergibt sich demnach das Schema, wenn O1a eine Hauptabzweigung aus O (Original) darstellt:

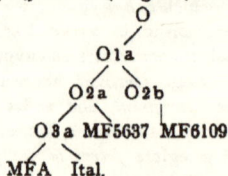

```
                    O
                   /
                 O1a
                /   \
             O2a    O2b
            /  \
         O3a  MF5637  MF6109
        /  \
     MFA   Ital.
```

Dr. J. Vogels.

www.ingramcontent.com/pod-product-compliance
Lightning Source LLC
Chambersburg PA
CBHW031814090426
42739CB00008B/1264